Best of
# NORWEGEN
66 Highlights

Bilder von
Max Galli

Texte von
Christian Nowak


Stürtz

VERNEVERKSTED
Bevares
FOR TREMILJØ

*Seit den 1970er-Jahren erlebt Stavanger als Ölboomtown einen rasanten Aufstieg. Doch die viertgrößte Stadt des Landes besitzt auch noch eine ruhige und charmante Altstadt mit engen Gassen und liebevoll gepflegten weißen Holzhäusern.*

Best of

# NORWEGEN

66 Highlights

*Erste Seite:* *Die südgehenden Schiffe der Hurtigruten machen im Sommer auf ihrem Weg von Kirkenes nach Bergen einen kurzen Abstecher in den spektakulären Trollfjord.*

*In Kirkenes endet die E 6 und auch die Schiffe der Hurtigruten drehen hier nach einem kurzen Stopp um. Doch am Ende Europas blüht nicht nur der kleine – ganz unbürokratische – Grenzverkehr, auch russische Trawler werden hier repariert.*

*Ostern in Kautokeino steht ganz im Zeichen der Samen. In traditioneller Tracht besuchen sie die Ostermesse, feiern aber auch ein ausgelassenes Fest. Den Höhepunkt der bunten Feierlichkeiten bildet der Sami-Grand-Prix.*

*Das Sehnsuchtsziel Nordkap ist erreicht. Ein Erinnerungsfoto unter der stilisierten Weltkugel im Licht der Mitternachtssonne ist der Beweis, dass man am nördlichsten Punkt Europas gewesen ist.*

*Norwegens bekanntestes Postkartenmotiv: Eingerahmt von steilen Bergen führt der Geirangerfjord in sanften Kurven bis zum kleinen Ort Geiranger. Für einige Stunden ankern hier alle Kreuzfahrtschiffe und bringen die Passagiere an Land.*

# DER LANGE WEG ZUM NORDKAP

Norwegen ist das längste Land Europas, von den oft mediterran anmutenden Schären im Süden bis zum arktisch kargen Nordkap. So wird jede Erkundung zum Roadmovie, allerdings in Zeitlupe, denn Fjorde und Fjells dulden keine Eile. Wer sich mit dem Norwegen-Virus angesteckt hat, der kommt immer wieder. Schon ein Jahr der Abstinenz weckt die Sehnsucht nach baumlosen Fjells und wilden Fjorden. Nach ungebändigten Flüssen, klaren Seen und endlosen Wäldern. Vergessen sind die Regentage mit bleiern grauem Himmel, die auch im Sommer nicht ausbleiben. Im Gedächtnis bleiben die hellen Nächte mit dem sanften Licht der Mitternachtssonne und eine grandiose Natur fast ohne Narben der Zivilisation.

## VON NORWEGENS RIVIERA IN DIE WÄLDER DER TELEMARK

Ganz im Süden begrüßen kleine Fischerorte Besucher mit strahlend weißen Holzhäusern. Risør, Kragerø, Arendal

*Die Lofoten im Licht der Mitternachtssonne. Schroffe Berge erheben sich direkt am Meer, für die bunten Häuser von Ramberg bleibt nur ein schmaler Uferstreifen. Der weiße Sandstrand lädt zu stimmungsvollen Spaziergängen ein.*

Flagge

Wappen

**Fläche:** 385 170 km²
(davon über 60 000 km² Seefläche)

**Einwohner:** 5,16 Millionen

**Hauptstadt:** Oslo

**Verwaltungsbezirke:**
19 Fylker

**Regierungsform:**
Parlamentarische Monarchie, seit 1905 eigenständiges Königreich und laut Demokratieindex das demokratischste Land der Welt.

**Höchste Berge:**
1. Galdhøpiggen (2469 m)
2. Glittertind (2464 m)

**Längster Fluss:**
Glomma (601 km)

**Größter See:**
Mjøsa (369 km²)

**Längster Fjord:**
Sognefjord (204 km)

**Größte Städte:**
1. Oslo (640 000)
2. Bergen (272 000)
3. Trondheim (182 000)
4. Stavanger (131 000)
5. Sandvika (119 000)

**Währung:**
1 Norwegische Krone (NOK) = 100 Øre

*Ein sonniger Sommertag am Sognefjord. Genau der richtige Moment, um die saftigen Wiesen zu mähen und das Gras zum Trocknen aufzuhängen.*

und Mandal sind die Perlen der norwegischen Riviera. Ein wenig mondän, dann wieder verschlafen, aber immer voller sommerlicher Urlaubslaune. Hier findet jeder sein Traumplätzchen, in einer Welt, wo sich Meer und Land ineinander verzahnen. Erst mit dem eigenen Boot wird die Freiheit in den Schären grenzenlos. Sonnenschein, wohlige Wärme und tiefblauer Himmel sind die Ingredienzien für ein fast mediterranes Badevergnügen.

Der tiefe Einschnitt des Setesdals spaltet Südnorwegen in zwei unterschiedliche Landschaften. Östlich vom Setesdal reichen die Wälder bis an die Küste. Sanft gerundete Bergkuppen, eine Vielzahl von Seen und fruchtbares Ackerland sind die Visitenkarte der Provinz Telemark. Uralte Gehöfte, Häuser und Speicher aus windgegerbtem Holz und der Telemark-Kanal erinnern an längst vergangene Zeiten. Hier war einst die Heimat des Sondre Norheim, der in dem kleinen Dorf Morgedal den Telemarkschwung und damit den modernen Skilauf erfunden hat.

## DIE FINGER DES MEERES

Westlich vom Setesdal klettern die Straßen bis auf karge Hochebenen, fast nahtlos gehen diese in die riesige, menschenleere Hardangervidda über. Zurück zur Küste, ins Fjordland. Nirgendwo sind die Fjorde länger, tiefer, majestätischer und imposanter als im Westen Norwegens. Sie drücken dem Land ihren Stempel auf, gewähren einen Blick in seine Seele.

Leicht hatten es die Menschen im Fjordland nie, trotzdem sind sie geblieben. Gebirge und Wasser trennen auch heute noch, wenn Nachbarn und Freunde am anderen Ufer des Fjordes oder jenseits des Gletschers wohnen. Wasserarme zerhacken die Landschaft in kleine Stücke und widersetzen sich hartnäckig dem Brückenbau. Jeder Meter Straße muss in den Fels gesprengt werden. Hinter jeder Kurve taucht eine neue grandiose Szenerie auf. Die Eindrücke im Fjordland sind so vielfältig, dass man gar nicht mehr aus dem Staunen kommt. Spärlich bewaldete Steilhänge schieben sich bis ans Fjordufer heran. Eis strömt wie eine zähfließende Masse von den Gletschern. Der Golfstrom erwärmt auch den längsten Fjordarm und lässt die Obstbäume blühen, wenn auf den Bergen noch der Schnee liegt. Rinnsale tröpfeln unaufhörlich von den Berghängen, vereinigen sich zu schäumenden Wasserfällen.

Schon im letzten Jahrhundert kamen die Romantiker und schwärmten von der wilden Schönheit des Fjordlandes. Heute kommen die Touristen mit der Bergenbahn, in Wohnmobilen und klimatisierten Bussen und schwärmen immer noch. In keinem anderen Landesteil gibt es so viele touristische Highlights wie zwischen Fjord und Fjell. Bergen ist die unumstrittene Metropole Westnorwegens. Hier laufen alle Fäden zusammen. Einst war Bergen sogar Hauptstadt des Landes. Und so mancher Bergenser glaubt im tiefsten Innern immer noch, in der schönsten Stadt Norwegens zu leben. Vielleicht wäre damals das mit der Hauptstadt sogar anders gelaufen, wenn Bergen mehr als eine Jahreszeit – die Regenzeit – hätte.

## DIE KRAFT DES EISES

Bis vor 10 000 Jahren haben riesige Gletscher ein neues Land geschaffen. Fast jede Landschaftsform, die wir heute sehen, entstand durch die Millionen Tonnen schweren Eishobel. Fjorde, Fjells, Täler, Seen, Findlinge, Moränenhügel und Schären zeugen von der gewaltigen Kraft des Eises. Der größte Gletscher des Landes, der Jostedalsbre, der mit seinen zwei Dutzend eisigen Zungen sogar der größte Gletscher des europäischen Festlandes ist, zählt zu den Naturwundern Norwegens. Zerklüftetes, blaues Eis schiebt sich unendlich langsam, aber unaufhaltsam wie

*Die historische Bybrua überbrückt den Fluss Nidelv nördlich des Trondheimer Doms und bringt Fußgänger in den Stadtteil Bakklandet. Im Hintergrund sind am Flussufer die bunten Speicher aus dem 18. und 19. Jahrhundert zu erkennen.*

ein erstarrter Fluss zu Tal. Im Eis bilden sich immer neue Spalten und Türme. Wie ein zum stummen Schrei aufgerissener Riesenmund wirkt das Gletschertor. Milchig-trübe Wassermassen schießen unter dem Eis hervor. Ein majestätisches Schauspiel, das immer wieder fasziniert.

Fast nahtlos geht der Jostedalsbre in die schönsten Fjelllandschaften Norwegens über: Ins Jotunheimen und Hurrungane mit den höchsten Bergen Skandinaviens und den beliebtesten Wandergebieten. Ins wilde und unerschlossene Reinheimen, ins Dovrefjell mit seinen Moschusochsen oder ins Rondane mit seinen kantigen Felsgipfeln. Diese Nationalparks bilden das wilde Herz Norwegens, ein Eldorado für Wanderer, Skitourengeher und Liebhaber unberührter Natur.

Wer im Sommer kommt, wird oft mit dem schönsten Wetter belohnt, im Herbst, der auf dem Fjell schon im September seinen Höhepunkt erreicht, explodiert die Vegetation innerhalb weniger Tage in einem Farbenrausch. Der grüne Teppich des Sommers verwandelt sich dann für kurze Zeit in der klaren Herbstluft in eine Orgie aus leuchtendem Rot und Gelb. Der Indian Summer ist eine Jahreszeit zum Schwärmen, der Winter dagegen etwas für wahre Norwegenliebhaber. Er überzieht die Berge mit feinem Pulverschnee und die tief stehende Sonne verwandelt die kurzen Tage in eine unendliche Abfolge von Sonnenauf- und -untergängen. Jetzt gehen die Norweger mit ihren Langlaufbrettern ins Gebirge, wandern mit Skiern von Hütte zu Hütte, toben sich auf vielen tausend Kilometern Loipen aus oder schnallen das Snowboard an und testen die Olympiapisten.

## ÜBER DEN POLARKREIS

Auf dem Weg nach Norden wird die Besiedlung jenseits von Trondheim deutlich spärlicher. Die Eiligen nehmen die E 6 in Richtung Nordkap, Genießer weichen auf die Küstenstraßen aus und lassen sich das Reisetempo vom Rhythmus der Fähren diktieren. Die wilde Helgelandküste auf kurvigen Straßen erkunden, Robinson-Urlaub auf einer winzigen Insel machen, die nur mit Mühe auf der Karte zu finden ist, sind die Alternativen. Vielleicht bleibt auch noch Zeit für einen Abstecher zum Svartisen, Norwegens zweitgrößtem Gletscher oder auf das Saltfjell.

Bei einer Annäherung über den Vestfjord taucht die Bergkette der Lofoten mit ihren bis zu tausend Meter hohen Gipfeln wie eine Fata Morgana aus dem Meer auf. Die Lofotenwand kündigt eine Landschaft wie aus dem Märchen an. Bizarre Berge, dunkel drohend oder mit sanftem Grün überzogen. Strände von karibischer Schönheit mit weißem Sand und türkisfarbenem Meer, nur die Palmen und eine erträgliche Wassertemperatur fehlen noch zum vollkommenen Glück. Dörfer wie Postkarten, mit roten Rorbuern, die auf hölzernen Pfählen im Wasser stehen und Häfen, in denen die Fischerboote friedlich schaukeln. Grindwale wagen sich bis fast ans Ufer, Seeadler kreisen am Himmel und Schafe grasen friedlich auf grünen Wiesen.

Ein paar Meilen vor der Küste haben Pottwale, die Riesen der Meere, ihre Jagdgründe und zeigen auf Walsafaris ihre beeindruckende Fluke. Wenn dann noch die Mitternachtssonne scheint, möchte man ewig bleiben. Manchmal verwöhnt sie kurz vor Mitternacht die Landschaft mit einem glühenden Rot. So als ob alles von innen glühen würde. Das sind die seltenen Augenblicke der vollkommenen Harmonie. Oft verschwindet die Sonne aber kurz über dem Horizont hinter einem dünnen Dunstschleier und das Licht wird fahl. Aber immer legt sich um Mitternacht die Ruhe der Nacht wie ein Schleier über die Landschaft, auch wenn es noch taghell ist.

*Auch wenn es nicht so aussieht, der Hardangerfjord – hier in der Nähe von Utne – wird von der Sonne verwöhnt. Nicht umsonst liegt hier das größte Obstanbaugebiet Norwegens, in dem vor allem Kirschen, Äpfel und Birnen reifen.*

## TRAUMZIEL NORDKAP

Von den Lofoten sind es immer noch knapp 1000 Kilometer bis zum Nordkap. Hier oben im Norden wird alles größer – die Entfernungen zwischen den Orten, aber auch die Berge und die Fjorde wirken massiger und majestätischer. Wildnis, soweit das Auge reicht. In der Finnmarksvidda warten die Mücken sehnsüchtig auf mutige Urlauber, die sich unter die summenden Plagegeister mischen. Im Sommer fliehen selbst die Rentiere aus diesem riesigen Sumpf- und Waldland an die Küste. Hier zu leben ist eine Herausforderung, der seit jeher nur die Samen gewachsen sind, denn die Landschaft ist karg und eintönig, die Winter lang und dunkel, die Sommer voller Mücken. Eine fast mückenfreie Alternative bietet die zerklüftete Küste.

Einmal am Nordkap stehen und die Mitternachtssonne über dem Eismeer erleben. Das ist der Traum vieler Nordlandfahrer. Was macht die Faszination dieses 300 Meter hohen Felsplateaus aus? Ist es der Wunsch, am nördlichsten Punkt Europas zu stehen? Dann müssten sich alle die Mühe machen und zur Knivskjellodden laufen. Denn die nadelscharfe Halbinsel neben dem Nordkap schiebt sich noch ein kleines Stück weiter ins Eismeer hinaus.

Das Nordkap ist ein Ort der Anachronismen: Menschenmassen am Ende der Welt, im Minutentakt ankommende Reisebusse und Drängelei im größten Souvenirladen Norwegens. Was bleibt ist die Erinnerung an ein grandioses Panorama, an die fernen Wellen am Fuß der fast senkrechten Felswände oder Wolkenbänke, die gegen den Fels prallen und das Nordkapplateau lautlos in weiße Watte hüllen.

Auf der Rückfahrt bleibt vielleicht noch Zeit für das urbane Norwegen, in Oslo, Bergen, Trondheim oder Stavanger. Das Kontrastprogramm zur grandiosen Natur besteht aus Flanieren und Feiern auf Oslos Prachtmeilen und dem Besuch der zahlreichen Museen.

Norwegen ist ein Land mit vielen Gesichtern, immer wieder überraschend und faszinierend. Jede Jahreszeit hat ihre ganz eigene Stimmung: Im Winter die Einsamkeit der tief verschneiten Gebirge, im Frühjahr das kraftvolle Aufblühen der Vegetation, im Sommer die Mitternachtssonne und im Herbst das kurze Aufflammen des Indian Summer. Manche bringt die Lichtdusche um den Schlaf, doch für viele sind die 24-Stunden-Tage der Grund, immer wieder, vom Nordland-Fieber gepackt, nach Norden aufzubrechen.

*Im Sommer starten von der Lofotenhauptstadt Svolvær regelmäßig Ausflugsboote in den Trollfjord. Ein besonderes Erlebnis ist die nur 100 Meter breite Einfahrt in den Fjord, die von steilen Felswänden eingerahmt wird.*

*Stillleben am Vetlefjord, einem Seitenarm des Sognefjords. Schroffe Berge, ein Flecken Grün und ein einsames, weißes Haus am Ufer spiegeln sich im Wasser des Fjordarms.*

*Eine stille Sommernacht in dem kleinen Fischerdorf Hamnøy auf den Lofoten. Die Fischerboote liegen im Hafen, rote Rorbuer und weiße Lagerhäuser spiegeln sich ebenso im Wasser wie die noch mit Schneeflecken gesprenkelten Berge.*

*Spitzbergen, auch Svalbard – kühle Küste – genannt, ist Norwegens Außenposten in der Barentssee. Die vegetationslose, bergige Inselgruppe ist stark zerklüftet, zahlreiche Fjorde dringen tief ins Landesinnere vor.*

# OSLO – DIE HAUPTSTADT AM FJORD

Kaum eine europäische Großstadt kann mit solch einer grandiosen Lage wie Oslo punkten. Wie ein Amphitheater schmiegt sich die norwegische Hauptstadt um das Ende des Oslofjords und verwöhnt die rund 640 000 Einwohner. Denn mehr als die Hälfte des Stadtgebietes ist von den Wäldern der Oslomark bedeckt, die sommers wie winters ein Eldorado für Wanderer, Skilangläufer oder Radfahrer bieten. Eingebettet in diesen grünen Gürtel um die Hauptstadt liegen zudem noch rund 300 Seen, von denen viele zum Baden einladen. Wer lieber im Meer schwimmen möchte, macht einen kurzen Abstecher zu einer der Inseln im Fjord und findet dort so manchen schönen Sandstrand.

Wie schön die Stadt wirklich liegt, sieht man erst vom Wasser aus. Schon rund 100 Kilometer südlich des Stadtzentrums beginnt der Oslofjord enger zu werden, danach wird das Gewirr der Inseln und Buchten immer unübersichtlicher. Jetzt sieht man, wie sich die Häuser Oslos die Berghänge um das hufeisenförmige Fjordende hinaufziehen. Auch einige der Wahrzeichen der Stadt wie das Rathaus, die Festung Akershus, das neue Opernhaus und die Holmenkollenschanze sind schon vom Wasser aus zu sehen.

## TAUSENDJÄHRIGE GESCHICHTE

Lange Zeit glaubte man, dass einer der letzten Wikingerkönige, Harald Hardråde, Oslo im Jahr 1048 gegründet hat. Neuere Ausgrabungen lassen aber vermuten, dass

*Ein nächtlicher Blick auf Oslos neues Kulturzentrum, die Fjord City Bjørvika mit dem Opernhaus (Bild oben). Nicht weniger prachtvoll zeigt sich das Schloss, in dem die Königsfamilie residiert. – Das Nobel-Friedenszentrum widmet sich mit Ausstellungen weltweiten Konflikten. – Klein und bescheiden gibt sich das Parlament Storting.*

**Schloss**

**Nobel-Friedenszentrum**

**Parlament Storting**

die Stadt schon um das Jahr 1000 existierte. Dies führte dazu, dass man im Jahr 2000 das 1000-jährige Stadtjubiläum gefeiert hat, obwohl 1950 erst das 900-jährige Jubiläum begangen wurde. Im Mittelalter besaß die Stadt zwei Burgen, den Königshof und die Bischofsburg. Håkon V. machte Oslo während seiner Regentschaft von 1299 bis 1319 zur Hauptstadt und begann mit dem Bau der Festung Akershus. Im Laufe ihrer langen Geschichte wurde die Stadt mehrfach von verheerenden Bränden heimgesucht, so auch im Jahr 1624, woraufhin der Dänenkönig Christian IV. sie nach den Idealen der Renaissance mit rechteckigen Quartieren und breiten Straßen gestalten ließ.

Im Verlauf der Geschichte hat die norwegische Hauptstadt mehrfach ihren Namen geändert. Die erste Ansiedlung am Fjord wurde Aslo genannt, was Ebene der Götter oder Gottesfeld bedeutet. Die erste richtige Stadt hieß dann schon Oslo, allerdings nur bis sie der selbstverliebte Dänenkönig Christian IV. nach dem Großbrand von 1624 in Christiania umtaufte. Ab 1877 wurde dann die Schreibweise in Kristiania geändert. Erst 1925 bekam die Stadt ihren alten Namen Oslo wieder.

Das moderne Oslo ist Dienstleistungs- und Verwaltungszentrum, Universitätsstadt sowie Sitz von Parlament und König. Auch das Nobelinstitut, dessen Mitglieder alljährlich den Friedensnobelpreisträger wählen, hat seinen Sitz in Oslo.

GPS: 59° 54' 49" N, 10° 44' 22" O

# 1 Spaziergang auf der Karl Johans Gate

Vom Schloss, einem dreiflügeligen Bau im Empirestil, blickt die norwegische Königsfamilie direkt auf die rund zwei Kilometer lange Karl Johans Gate, die älteste und schönste Flaniermeile der Stadt. Wer die Royals live erleben möchte, sollte am 17. Mai, dem Nationalfeiertag, nach Oslo kommen, denn dann stehen sie stundenlang auf dem Balkon des Schlosses und winken der traditionellen Parade der Schulkinder zu.

Schlendert man die Karl Johan entlang, kommt man bald zum prunkvollen Gebäude der Universität mit einem Gemälde von Edvard Munch in der Aula. Auf der anderen Straßenseite liegt das klassizistische Nationaltheater, vor dem die Statuen von Henrik Ibsen und Bjørnstjerne Bjørnson wachen. Durch einen kleinen Park geht es weiter zum Parlament, dem Storting, einem schlichten, 1866 errichteten neogotischen Bau. Im weiteren Verlauf kommt man zum ehrwürdigen Grand Hotel und zur Domkirche von 1697, in der Kronprinz Håkon und Kronprinzessin Mette-Marit 2001 geheiratet haben.

*1: Blick auf die Karl Johans Gate*

*www.visitoslo.com*
*www.kongehuset.no*

GPS: 59° 55' 37" N, 10° 42' 4" O

## 2 Vigeland-Park

Inmitten des weitläufigen Frognerparks befindet sich die Vigelandanlage. Sie ist das Werk eines einzigen Mannes, des Bildhauers Gustav Vigeland (1869–1943), der in jahrelanger Arbeit Hunderte von teilweise monumentalen Figuren geschaffen und sie dann entlang einer mehr als 800 Meter langen Achse aufstellen ließ. Höhepunkt und Blickfang ist der Monolith auf einer kleinen Anhöhe, eine 17 Meter hohe Granitsäule aus ineinander verschlungenen Menschenleibern. Ein Kreis aus überlebensgroßen Granitskulpturen, die Menschen in allen Lebensstadien zeigen, umgibt den Obelisken. Unterhalb des Obelisken gibt es noch viele weitere Skulpturen zu bewundern, wie die Brunnenschale, die von einem Kreis starker Männer getragen wird.

Mehr über den Bildhauer Gustav Vigeland erfährt man im Vigeland-Museum, das in seinem ehemaligen Atelier und Wohnhaus im Park untergebracht ist. Im Museum wird die Arbeitsweise des Künstlers gezeigt, vor allem die Arbeiten am großen Monolithen werden anschaulich erläutert.

*2: Skulpturen von Gustav Vigeland mit dem Obelisken im Hintergrund*

*www.vigeland.museum.no*

2

GPS: 59° 54' 42" N, 10° 44' 1" O

## 3 Rathaus

Unübersehbar erhebt sich der rotbraune Klinkerbau mit den beiden gut 60 Meter hohen Türmen an prominenter Stelle in der Nähe des Fjordufers. Schlicht und klobig präsentiert sich der Monumentalbau von außen, der anlässlich des 900-jährigen Stadtjubiläums im Jahr 1950 eingeweiht wurde. Von Anfang an war das Osloer Rathaus nicht jedermanns Liebling, doch hinter den dicken, schmucklosen Mauern schlägt nicht nur das administrative Herz der Stadt, hier verbirgt sich auch ein sehenswertes Interieur, an dem bekannte norwegische Künstler des 20. Jahrhunderts mitgewirkt haben. Besonders beeindruckend ist das Monumentalgemälde in der Eingangshalle von Henrik Sørensen. Den Rathausplatz zieren Skulpturen und ein Brunnen. Von hier sind es nur wenige Schritte zum Fjordufer und zum ehemaligen Westbahnhof, in dem heute das Nobel-Friedenszentrum untergebracht ist.

*1: Holzsegler, Kreuzfahrtschiffe und Fähren zu den Fjordinseln legen direkt am Rathausplatz an.*
*2: Die Rückfront des im Stil der Modernen Sachlichkeit erbauten Rathauses*
*3: Die Verleihung des Friedensnobelpreises findet jedes Jahr am 10. Dezember im Osloer Rathaus statt.*

*www.visitoslo.com*

1

2

3

GPS: 59° 54' N, 10° 45' O

# 4 Oper

Mit dem über 400 Millionen Euro teuren Opernbau ist den Osloern der große Wurf gelungen, denn das Haus gilt als architektonisches Meisterwerk und neues Wahrzeichen der Stadt. Seit der Eröffnung 2008 hat der von dem international anerkannten Architekturbüro Snøhetta geplante Bau am Fjord rund ein Dutzend Preise gewonnen. Durch die Verwendung von viel weißem Marmor erinnert das Prestigeobjekt an einen riesigen Eisberg. Auch im Innern wurde nicht gespart, denn hinter den großen Glasflächen liegt einer der modernsten Opernsäle Europas.

Die neue Oper war jedoch nur der Anfang, denn das ganze Stadtviertel wird runderneuert und soll nach der Fertigstellung Aker Brygge und der Karl Johans Gate Konkurrenz machen. In jedem Fall ist es das größte städtebauliche Neubauvorhaben seit König Christian IV. Anfang des 17. Jahrhunderts das alte Kristiania hinter der Festung Akershus errichten ließ.

*1: Das Dach der Oper ist öffentlicher Raum.*

*www.operaen.no/en*

**i** GPS: 59° 54' 27" N, 10° 44' 39" O

## 5 Astrup Fearnley Museum

Nach der Oper ist das Astrup Fearnley Museum der zweite aufsehenerregende Neubau in Oslos City am Fjord. Entworfen hat das Museumsgebäude der italienische Stararchitekt Renzo Piano, der schon für Meisterwerke wie das Centre Georges Pompidou oder das New York Times Building verantwortlich zeichnet. Das Astrup Fearnley Museum besteht aus drei Pavillons unter einem markanten Glasdach in Form eines Segels. Das Gebäude fügt sich auch sonst sehr harmonisch in die maritime Umgebung ein: Mit Seilen befestigte Stahlsäulen symbolisieren Masten von Segelbooten, und die silber-graue Verkleidung erinnert an die dem Wetter ausgesetzte Lage am Fjord. Im Innern sorgt das Glasdach für lichtdurchflutete Ausstellungsräume. Insgesamt stehen für eine der größten Privatsammlungen zeitgenössischer Kunst mehr als 7000 Quadratmeter zur Verfügung. Auch ein Blick in die Umgebung lohnt, auf den Skulpturenpark oder den neuen Stadtteil Tjuvholmen, der von rund zwei Dutzend bekannten Architekten entworfen wurde.

*2: Neue Architektur von Renzo Piano*

*www.afmuseet.no/en*
*www.tjuvholmen.no*

GPS: 59° 54' 25" N, 10° 40' 49" O

## 6 Museumsinsel Bygdøy

Die Insel Bygdøy beherbergt einige der interessantesten Museen der Stadt. Im Vikingskipshuset sind drei Schiffe sowie weitere Funde aus der Wikingerzeit zu sehen. Den Höhepunkt der Ausstellung bildet das Oseberg-Schiff, das an Bug und Heck mit prächtigen Schnitzereien verziert ist. Auch ein im Schiff gefundener, ebenfalls kunstvoll verzierter Wagen, und andere Grabbeigaben sind ausgestellt.

Das Kon-Tiki-Museum ist Thor Heyerdahl, einem der größten norwegischen Entdecker gewidmet. Eine Reihe spektakulärer Expeditionen führte ihn unter anderem mit dem Balsafloß Kon-Tiki von Peru zu den polynesischen Tuamotu-Inseln und mit dem Papyrusboot Ra II von Marokko über den Atlantik.

Im Frammuseet ist die dickbäuchige „Fram“ ausgestellt. Mit diesem Schiff haben die norwegischen Polarforscher Fridtjof Nansen, Otto Sverdrup und Roald Amundsen ihre Reisen in die Polargebiete unternommen.

Das Maritime Museum zeigt Boote und Gemälde mit maritimen Motiven.

Im Volksmuseum bekommt man einen umfassenden Überblick über die norwegische Architektur- und Kulturgeschichte der letzten Jahrhunderte. Schönstes der rund 170 Gebäude ist die Stabkirche von Gol.

*1: Oseberg-Schiff im Vikingskipshuset*
*2: Das Kon-Tiki-Floß von Thor Heyerdahl*

*www.frammuseum.no*
*www.marmuseum.no*
*www.kon-tiki.no*
*www.khm.uio.no*
*ww.norskfolke.museum.no*
***(Alle Internet-Seiten auch in englischer Sprache)***

1

2

GPS: 59° 55' 0" N, 10° 46' 27" O

## 7 Munch Museum

Das Museum verwaltet den Nachlass des bekanntesten norwegischen Malers Edvard Munch (1863–1944). Dieser ist gewaltig und besteht aus mehr als 1000 Gemälden, 4500 Zeichnungen und 18 000 Grafiken. Somit kann das Museum dem norwegischen Vorreiter des Expressionismus immer wieder wechselnde Ausstellungen widmen. Edvard Munch beschloss schon früh Maler zu werden; viele Jahre lebte er in Deutschland und Frankreich, um 1900 hatte er seinen internationalen Durchbruch.

Im August 2004 machte das Munch-Museum weltweit Schlagzeilen, weil Diebe zwei von Munchs bekanntesten Bildern „Der Schrei“ und „Madonna“ ohne Probleme entwenden konnten. Erst zwei Jahre später konnte die Osloer Polizei die Bilder bei einer Razzia beschädigt sicherstellen.

In dem Küstenstädtchen Åsgårdstrand – zu Munchs Zeiten eine Künstlerkolonie – erwarb der Maler eine kleine Fischerhütte, die er sein Glückshaus nannte. Hier malte er einige seiner bekanntesten Bilder wie „Der Tanz des Lebens“, „Der Tod der Mutter“, „Melancholie“ und mehrere Versionen des Motivs „Mädchen auf der Brücke“. Neben dem gelben Wohnhaus, das heute ein Museum beherbergt, gibt es noch einen roten Schuppen, der ihm als Atelier diente.

*3: Munch-Büste vor seiner Fischerhütte in Åsgårdstrand*
*4: Sein bekanntestes Bild: Der Schrei*
*5. Selbstportrait mit Pinsel*

*www.munchmuseet.no/en*

GPS: 59° 55' N, 10° 43' O

## 8 Aker Brygge

Bis in die 1980er-Jahre gab es auf Aker Brygge noch eine der größten norwegischen Werften. Als sie schließen musste, entstand aus der ehemaligen Industrielandschaft ein neuer Stadtteil mit Geschäften, Restaurants, Büros, Kinos und Theatern. Von einigen der alten Packhäuser aus rotem Backstein ist die Fassade erhalten geblieben, der Rest wurde mit Stahl, Aluminium und Glas neu gestaltet; entstanden ist eine gelungene Mischung aus Alt und Neu.

Die Osloer, vor allem die Jüngeren, haben diese Vergnügungsmeile begeistert angenommen. Sobald die Sonne sich blicken lässt, schlendern sie über die Uferpromenade, genießen die wärmenden Sonnenstrahlen auf den Bänken, schnuppern die Seeluft vom nahen Fjord, lauschen dem Live-Jazz von den Pontons und genießen ein Bier im Freien. Die Freiluftrestaurants und Straßencafés sind oft bis zum letzten Platz gefüllt. Sehr beliebt ist eine Abendkreuzfahrt auf dem Oslofjord. Tagsüber liegen die alten Holzsegler an der Mole in Sichtweite von Aker Brygge, gegen Abend legen sie ab und fahren ein Stück auf den Fjord hinaus. An Bord vertreiben sich die Gäste die Zeit mit Krabbenpulen, während derweil die Fjordufer vorbeiziehen, an denen so manches Traumhaus steht. Auf so einem Ausflug zeigt sich die norwegische Hauptstadt von ihrer schönsten Seite. Wieder an Land, sind es nur wenige Minuten zu Fuß zur Festung Akershus. Auf einer Landzunge im Fjord wacht die trutzige Anlage seit Jahrhunderten über die Stadt. Ihr heutiges Aussehen erhielt sie im 17. Jahrhundert von König Christian IV., der die damalige mittelalterliche Burg zum Renaissance-Schloss umbauen ließ. Heute wird ein Teil von Akershus von der norwegischen Regierung genutzt, außerdem sind im Innern mehrere Museen untergebracht.

*1: Moderne Architektur bestimmt Aker Brygge.*
*2: Zahllose Restaurants, Kneipen und Cafés säumen Aker Brygge.*
*3: Im Winter ist nicht ganz so viel los.*

*www.visitoslo.com*

1

2

3

GPS: 59° 19' N, 10° 35' O

## 9 Oslofjord

An den Ufern des Oslofjords wohnt rund ein Drittel aller Norweger. Trotz der relativ dichten Besiedlung besitzt die Region einen hohen Freizeitwert. Viele Aktivitäten spielen sich auf dem Wasser und in dem bis zu 50 Kilometer breiten Waldgürtel der Oslomark ab. Südlich von Oslo liegen fast alle Städte in der Nähe des Fjords, der von jeher wichtigsten Lebensader. Die meisten Städte sind Wirtschafts- und Handelsorte und wirken relativ nüchtern.

Drøbak liegt an der engsten Stelle des Wasserweges, die Festung lässt vermuten, dass der Ort früher strategische Bedeutung besaß. Im April 1940 versank hier der deutsche Kreuzer „Blücher", der am Überfall auf Norwegen beteiligt war; die Hälfte der Besatzung kam dabei um. Vorbei an der Industriestadt Moss gelangt man zur alten Festungsstadt Fredrikstad, eines der interessantesten Reiseziele südlich der Hauptstadt. Den modernen Teil der Stadt kann man getrost links liegen lassen und sich lieber Zeit für die alten Holzhäuser und Kopfsteinpflastergassen von Gamlebyen und die Festung nehmen.

Tønsberg, die älteste Stadt Norwegens, war im Mittelalter ein wichtiges Zentrum, die Burg Tunsberghus, Kirchen und Klöster zeugen von der damaligen Bedeutung. Im Spätmittelalter war sie eine der drei norwegischen Hansestädte, die in erster Linie mit Rostock Handel trieb. In der Altstadt um die Domkirche gibt es noch viele alte Holzhäuser zu bewundern. 1904 wurde bei Tønsberg das Osebergschiff aus der Wikingerzeit gefunden, das heute im Osloer Vikingskipshuset ausgestellt ist.

*1: Kleine Häfen und zahllose Ferienhäuser säumen den Oslofjord.*
*2: Der Leuchtturm von Svenner in der Nähe von Larvik*

www.visitoslo.com

ℹ GPS: 59° 57' 50" N, 10° 40' 4" O

## Holmenkollen 10

Einer der schönsten Aussichtspunkte über die Stadt und zugleich eine der teuersten Wohnlagen Oslos ist der Holmenkollen. Die schmucken Häuser ziehen sich terrassenförmig den Berghang hinauf und bieten eine fantastische Aussicht. Seit den Olympischen Winterspielen 1952 war die Skisprungschanze ein schon aus der Ferne sichtbares Wahrzeichen Oslos, der Neubau von 2011 ist nicht weniger spektakulär. Unter dem Schanzenturm befindet sich ein Skimuseum.

*3: Blick ins Skisprungstadion, im Hintergrund die Hauptstadt am Fjord*
*4: Der elegant geschwungene Turm der Holmenkollenschanze*

***Die Skisprunganlage ist von Oslo mit der U-Bahn zu erreichen.***
*www.skiforeningen.no/en/holmenkollen*

# SÜDNORWEGEN

Der südliche Teil Norwegens, vom Kap Lindesnes bis nach Trondheim, überrascht mit großer landschaftlicher Vielfalt und lockt die meisten Besucher ins Land. Zwischen Larvik, Kristiansand und Stavanger liegen die typischen Küstenstädte des Südens mit ihren strahlend weißen Häusern. Die Sandstrände und die Schären bilden das Badeparadies Norwegens; es ist eine von der Sonne verwöhnte Sommeridylle, wie sie so weit im Norden kaum zu vermuten wäre. In den Sommerferien strömen die Norweger an ihre Riviera, freuen sich auf ihre Ferienhäuser und machen die Boote klar, der Sommer ist schließlich kurz.

Fährt man von den malerischen Küstenorten ein Stück ins Landesinnere, warten, als Kontrast zu Sonne, Strand und Schären in der Provinz Telemark sanft gewelltes Hügelland, dichte Wälder, fruchtbare Äcker sowie eine Vielzahl von Seen, Flüssen und Kanälen.

Wieder anders zeigt sich das tief eingeschnittene Setesdal, das den Süden Norwegens in zwei Hälften teilt. Östlich des Tals herrschen Wälder und eine eher liebliche Landschaft vor, während sich nach Westen hin eine karge Hochgebirgslandschaft ausbreitet.

## SPEKTAKULÄRE LANDSCHAFTEN

Norwegens Küste ist, vom Süden bis hinauf in den hohen Norden, zerklüftet wie kaum eine andere in Europa. Charakteristisch sind die Fjorde, die nirgendwo imposanter als in Westnorwegen sind. Die längsten Fjorde, der Sogne-

*Der enge Auerlandsfjord (oben) ist das Ziel vieler Kreuzfahrtschiffe und zählt zu den größten Sehenswürdigkeiten Westnorwegens. – Weiße Holzhäuser, wie in Balestrand, gehören zum Bild der Südküste. – Mutprobe: Eine schwankende Brücke über einen Gletscherfluss im Jostedal. – Das Holzhausviertel Bryggen in Bergen erinnert an die Hansezeit.*

**Balestrand**

**Jostedalsbre**

**Bryggen**

fjord und der Hardangerfjord, reichen jeweils rund 200 Kilometer weit ins Land. Noch spektakulärer sind jedoch häufig die kleinen Fjorde, die von fast senkrechten, oft mehr als 1000 Meter hohen Felswänden eingerahmt werden. Das Fjordland macht es seinen Bewohnern nicht leicht, der Golfstrom bringt zwar viel Wärme und macht Obst- und Gemüseanbau möglich, doch das fruchtbare Land ist knapp, oft sind es nur wenige Quadratmeter in schwindelerregender Höhe. Auch heute noch sind die Verkehrsverhältnisse schwierig. So ist es nicht verwunderlich, dass immer noch viele Fähren zwischen den Fjordufern pendeln.

Den Kern des Südens bildet Fjellnorwegen, im östlichen Teil herrscht waldreiches Mittelgebirge vor, nach Westen hin wird die Landschaft zunehmend gebirgiger mit weiten Hochebenen oberhalb der Baumgrenze. Wie auf einer Perlenkette liegen hier die beliebtesten Nationalparks des Landes: Hardangervidda, Jotunheimen, Rondane und Dovrefjell.

Mehrere große Täler, die alle ziemlich parallel von Nordwesten nach Südosten verlaufen, gliedern Fjellnorwegen. Numedal, Hallingdal, Valdres, Gudbrandsdal und Østerdal wurden wegen der relativ fruchtbaren Böden schon früh besiedelt, auch heute noch spielt die Landwirtschaft hier eine wichtige Rolle. Vielerorts sieht man teils uralte Bauernhöfe in traditioneller Blockhausbauweise, von denen die sanft ansteigenden Hänge zu beiden Seiten der Täler fast bis zur Baumgrenze bewirtschaftet werden.

GPS: 58° 6' N, 7° 17' O

## 11 Kap Lindesnes

Von Mandal ist es nicht mehr weit zum südlichsten Punkt Norwegens, dem Kap Lindesnes. Schon die Fahrt über die Halbinsel lohnt, denn die Landschaft wird immer karger und bizarrer, bis schließlich fast nur noch die kahlen Felsbuckel der Schärenlandschaft zu sehen sind. Am Ziel angekommen, sind es 1682 Kilometer Luftlinie bis zum Nordkap, wer die oft kurvigen norwegischen Straßen nimmt, ist mindestens 2518 Kilometer unterwegs. Auf der Landspitze thront der 1655 erbaute Leuchtturm Lindesnes Fyr. Er beherbergt das nationale Leuchtturmmuseum, das wechselnde Ausstellungen zu Geschichte und Entwicklung der für die Seefahrt wichtigen Leuchtzeichen, aber auch zu maritimer Kultur zeigt. Zum touristischen Angebot dieser vielbesuchten Sehenswürdigkeit gehören ferner Infozentrum, Kiosk, Restaurant und eine Galerie.

*1: Den südlichsten Punkt Norwegens ziert der älteste Leuchtturm des Landes.*

***Tipp: Die Aussichtsplattform des Leuchtturms ist der ideale Platz, um den Sonnenuntergang zu genießen.***

*www.visitnorway.com/de*

1

GPS: 59° 08' 45" N, 10° 13' 25" O

## 12 Die Südküste

In den Tälern im Landesinnern war das Leben früher oft von Armut geprägt, das harte Klima und die kargen Böden ließen den Bauern kaum eine Chance. Doch die Menschen an der Küste machten mit Bootsbau und Holzhandel im 19. Jahrhundert ein kleines Vermögen. Zu dieser Zeit waren Ochsenblutrot und Ockergelb die dominierenden Hausfarben, denn die meisten konnten sich nur die billige Farbe leisten. Ein weißes Haus signalisierte schon aus der Ferne, dass der Hausherr eine dickere Brieftasche hatte. Dieser Reichtum ist den Küstenstädten noch heute anzusehen, denn viele der prächtigen Holzhäuser aus dieser Zeit sind erhalten geblieben. Heute werden sie liebevoll gepflegt, natürlich auch um Touristen anzulocken, die genug Geld in die Kassen bringen, um die alten Häuser auch in Zukunft in strahlendem Weiß leuchten zu lassen.

*2: Sommerabend im Hafen von Sandefjord*

*www.visitsandefjord.com/de*

2

GPS: 58° 43' N, 9° 13' O

# 13 Kragerø und Risør

In Kragerø wirken die Gassen noch schmaler als in den anderen Küstenorten, denn die Stadt wird von mächtigen Felsen eingerahmt, die ihr kaum Platz lassen, sich weiter auszudehnen. Im Sommer pulsiert in den Straßen das Leben und in den Kneipen und Restaurants herrscht immer Hochbetrieb. Das Publikum ist überwiegend jung und vergnügt sich gerne mit Musikfestivals. Wer genug vom Trubel hat, sucht sich ein ruhiges Sommerhäuschen, die überall auf den Inseln vor der Küste auf Gäste warten. Anfang des 20. Jahrhunderts kamen viele Künstler nach Kragerø, unter ihnen auch Edvard Munch. Im Kittelsen-Haus, heute Museum, wurde der Märchenzeichner Theodor Kittelsen geboren, der vor allem wegen seiner Trollzeichnungen bekannt ist.

Rings um den hufeisenförmigen Hafen von Risør stehen strahlend weiße Patrizierhäuser, kein Betonneubau verschandelt den alten Ortskern. Die weiße Stadt am Meer verdankt ihren Reichtum dem Holzexport in die Niederlande, der vom 16. Jahrhundert an florierte. Zu diesem Prunk und Luxus passt auch die Heilig-Geist-Kirche von 1647, die zu den schönsten Barockkirchen des Landes zählt. Im Jahr 1861 zerstörte zwar ein Großfeuer Risør, doch die Stadt wurde – nicht minder repräsentativ – in der heutigen Form wieder aufgebaut. Die idyllische Kleinstadt wurde 1990 als schönste Holzstadt Norwegens ausgezeichnet. Außerdem gilt Risør als einer der beliebtesten Häfen für Bootstouristen und so liegen Yachten, Segelschiffe und Kutter im Sommer dicht an dicht im Hafen.

*1: An einem Sommerabend: Blick über Risør mit dem Hafen*

*2: Im Hafen von Risør liegen Segelboote vertäut.*

*3: Die alten Holzhäuser in Kragerø werden heute meist als Restaurants, Cafés und Läden genutzt.*

*www.visitkragero.no*
*www.visitnorway.com/de/reiseziele/sudnorwegen/risor*

1

2

3

GPS: 58° 58' N, 5° 44' O

## 14 Stavanger

Die viertgrößte Stadt Norwegens gehört dank des Ölbooms seit Anfang der 1970er-Jahre zu den reichsten Städten des Landes. Einen guten Einblick in das Geschäft mit dem Öl bietet das architektonisch beeindruckende Norsk Oljemuseum. Vergessen sind die schweren Jahre mit Seuchen, Bränden und wirtschaftlichen Krisen, vor allem im 17. Jahrhundert. Erst im 18. Jahrhundert kam der wirtschaftliche Aufschwung durch den Heringsfang, die Schifffahrt und schließlich die Konservenindustrie.

So gut wie alle Katastrophen unbeschadet überstanden hat der um 1150 vollendete Dom. Neben dem Nidaros-Dom in Trondheim ist er das bedeutendste mittelalterliche Sakralbauwerk des Landes. Die dreischiffige Pfeilerbasilika besitzt großteils ein Interieur aus dem Barock. Das Zentrum der Stadt schmiegt sich um den Gästehafen Vågen mit seinen Kneipen und Freiluftrestaurants. Westlich vom Vågen liegt die Altstadt Gamle Stavanger mit ihren denkmalgeschützten Holzhäusern, mittendrin das Hermetikkmuseum. Es dokumentiert die Geschichte der Fischkonservenindustrie, von der einst rund zwei Drittel der Bevölkerung lebten.

*1: Mittelpunkt der Stadt ist der gotische Dom.*
*2: Bei einem Spaziergang kann man die malerische Altstadt von Stavanger erkunden.*
*3: Von der Bybrua blickt man auf das moderne Wohnviertel Grasholmen.*
*4: Enge Gassen und weiße Holzhäuser charakterisieren die historische Altstadt.*

*www.regionstavanger.com*

4

1

GPS: 58° 59' 10" N, 6° 11' 19" O

## 15 Preikestolen

Die Felskanzel Preikestolen – Predigtstuhl – erreicht man nur zu Fuß nach einer rund zweistündigen Wanderung. Doch die Mühe lohnt sich, denn schon die Silhouette der Felskanzel ist beeindruckend. Wer sich bis an die Kante der 25 mal 25 Meter messenden Plattform wagt, genießt einen unvergleichlichen Blick auf die umliegenden Berge und das gut 600 Meter tiefer liegende Wasser des Lysefjords. Entstanden ist die Felsformation durch eine Frostsprengung vor rund 10 000 Jahren.

*1: Preikestolen – die Kanzel über dem Lysefjord*
*2: Der Aufstieg zum Preikestolen dauert etwa zwei Stunden.*
*3: Nicht jeder traut sich an die Kante.*

*www.visitnorway.com*

2

3

GPS: 59° 0' N, 6° 14' O

## 16 Lysefjord

Der rund 40 Kilometer lange, tief eingeschnittene Lysefjord verdankt seinen Namen, heller Fjord, den blank gescheuerten Felswänden an seinen Ufern. Ausflugsboote fahren von Stavanger zum Fuß der Felskanzel Preikestolen, mit der Fähre gelangt man bis ans Fjordende nach Lysebotn und kann dann über eine atemberaubende Serpentinenstraße, den Lysefjordveien, in 27 Haarnadelkurven bis zum Aussichtspunkt Øygardsstølen fahren. Hier beginnt die rund zweistündige, anstrengende Wanderung zum Kjeragbolten, dem eingeklemmten Felsblock etwa 1000 Meter über dem Fjord.

*1: Das Restaurant Øygardstølen (Adlernest) bietet fantastische Ausblicke.*
*2: Blick vom Kjeragbolten hinunter zum Lysefjord*
*3+4: Für Mutige: Sprung auf den eingeklemmten Felsbrocken*

*www.poi-norwegen.de/kjerag*
*www.visitnorway.com*

GPS: 59° 18' 8" N, 9° 12' 9" O

## 17 Telemark-Kanal

Die historische, 105 Kilometer lange Wasserstraße führt vom Meer bis ins Herz der Provinz Telemark und verbindet die Orte Skien und Dalen. 1892 fertiggestellt, nutzt der Telemark-Kanal zum größten Teil natürliche Wasserwege, die durch zwei Kanäle miteinander verbunden wurden. Im Verlauf dieser beiden Kanäle gibt es 18 Schleusen, die insgesamt einen Höhenunterschied von 72 Metern überwinden. Heute hat die Wasserstraße nur noch eine touristische Bedeutung, doch früher erleichterte er das Holzflößen ganz erheblich. Im Sommer wird der Kanal sowohl von Linienschiffen als auch von Sportbooten befahren.

Skien, die Hauptstadt der Provinz Telemark, ist seit Jahrhunderten ein wichtiger Handels- und Industrieplatz. Henrik Ibsen hat einige Jahre seiner Kindheit in Venstøp, vier Kilometer außerhalb der Stadt, verbracht. Heute erinnert ein Museum an den Dichter. Auch das Bezirksmuseum von Telemark im Brekkepark von Skien lohnt einen Besuch. Mittelpunkt des Museums sind ein alter Herrenhof mit verschiedenen Sammlungen und ein Freilichtmuseum mit alten Gebäuden aus Telemark. Endpunkt des Telemark-Kanals ist der kleine Ort Dalen am Bandak-See, der von bis zu 900 Meter hohen Bergen umgeben ist. Größte Sehenswürdigkeit des Ortes ist das 1894 fertiggestellte Dalen Hotel im Drachenstil, einst die Residenz gekrönter Häupter.

*5: Die „Henrik Ibsen" in der Schleusenanlage von Vrangfoss*

*6: Maßarbeit: Schleusen und Kanal sind an manchen Stellen recht eng.*

***Tipp: Besonders reizvoll ist die Fahrt mit den nostalgischen, über 100 Jahre alten Linienschiffen, die am frühen Morgen in Skien oder Dalen ablegen und für den gesamten Kanal rund elf Stunden benötigen.***

*www.dalenhotel.no/de*
*www.visittelemark.com*

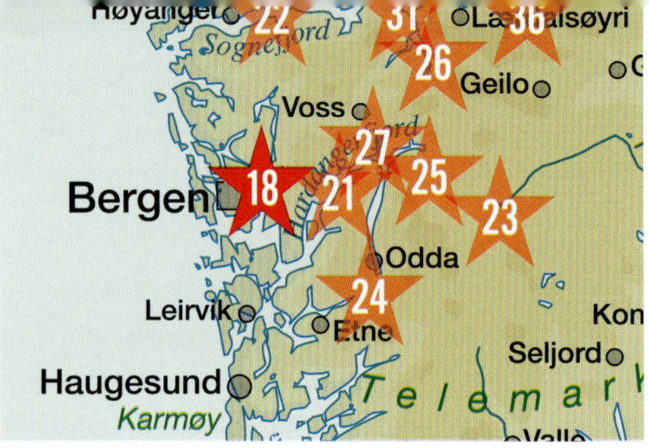


GPS: 60° 23' 51" N, 5° 19' 24" O

# 18 Spaziergang durch Bergen

Bergen war die erste Hauptstadt Norwegens, vor allem wegen der günstigen Lage am Byfjord und der hanseatischen Kaufleute, die hier eine ihrer wichtigsten Handelsstationen besaßen. Det Tyske Kontor auf Bryggen besaß damals das Monopol für den Fischhandel und verdiente damit viel Geld. Von der Einwohnerzahl ist Bergen heute nach Oslo die Nummer zwei, doch viele Bergenser halten ihre Heimatstadt immer noch für die heimliche Hauptstadt des Landes. Das Zentrum schmiegt sich fotogen um das Hafenbecken Vågen. Hier findet jeden Tag der Fischmarkt statt, der sich bei Einheimischen und Touristen großer Beliebtheit erfreut. Schon am frühen Morgen häufen die Händler riesige Krabbenberge auf ihre Tische und präsentieren den Fang kunstvoll auf Eis.

Trotz der vielen verheerenden Brände, die Bergen immer wieder verwüstet haben, besitzt die Stadt noch immer eine große Anzahl alter Holzhäuser. Besonders in Sandviken, im Nordosten Bergens, und auf der Halbinsel Nordnes im Hafengebiet sind noch viele alte Häuser erhalten geblieben. Sie zählen bei den Bergensern zu den bevorzugten Wohnlagen und werden liebevoll gepflegt.

Wer einen sehenswerten Blick von oben auf die Stadt werfen möchte, nimmt die Standseilbahn auf den Hausberg Fløyen. Nach wenigen Minuten Fahrt liegt einem die Stadt zu Füßen.

*1+3: Blick vom Hausberg Fløyen auf Hafenbecken und Zentrum von Bergen*
*2: Alle Köstlichkeiten des Meeres, immer fangfrisch auf dem Fischmarkt am Hafen*
*4: Das Restaurant Enhjørningen (Einhorn) in Bryggen serviert Fischgerichte in Vollendung.*

***Der Fischmarkt ist in den Monaten Juni, Juli und August von 7 bis 19, sonst von 7 bis 16 Uhr geöffnet.***

3

4

GPS: 60° 23' 51" N, 5° 19' 24" O

# 19 Hanseviertel Bryggen in Bergen

An der Ostseite des Hafenbeckens liegt Bryggen, das ehemalige Viertel der deutschen Hanse. Die Holzhäuser entstanden nach dem Großbrand von 1702 und werden von der UNESCO als Weltkulturerbe geführt. Die lückenlose Front der Giebel zeigt zum Hafenbecken, zwischen den windschiefen Häusern führen schmale Gassen ins Herz von Bryggen. Ganz am Anfang der Häuserreihe befindet sich das Hanseatische Museum, dessen enge und dunkle Räume einen Einblick in die Zeit der Hanse vermitteln. Die meisten der alten Häuser beherbergen heute Restaurants, Kneipen, Souvenirläden und Boutiquen.

Ein Stück in Richtung auf das offene Meer fallen die Håkonshalle und der Rosenkrantzturm, zwei der eindrucksvollsten Steingebäude der Stadt, ins Auge. Die Håkonshalle wurde im 13. Jahrhundert von König Håkon Håkonsson als Gildehalle errichtet, der Rosenkrantzturm stammt aus dem 16. Jahrhundert und diente einst als Verteidigungsturm und Residenz für den Lehnsherren Erik Rosenkrantz.

*1+2: Sie bilden die charakteristische Silhouette Bergens: die Holzhäuer von Bryggen.*

1

*www.visitbergen.com/de*

2

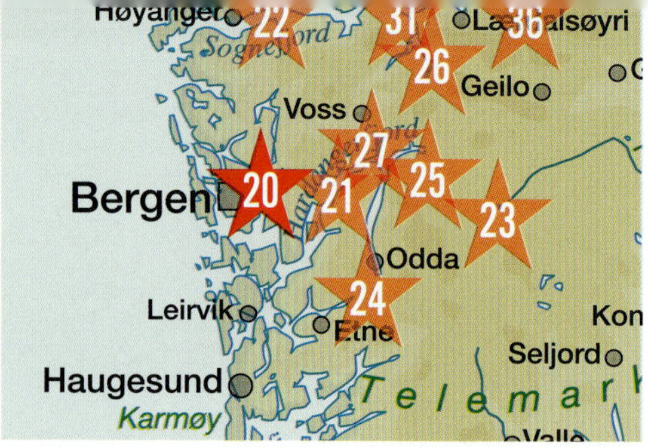


GPS: 60° 23' 15" N, 5° 19' 18" O

## 20 Bergens Museen

Das Hanseatische Museum sowie das Bryggen-Museum beleuchten Mittelalter und Hansezeit, das Kunstmuseum mit mehreren Standorten präsentiert vor allem norwegische Künstler, besitzt aber auch Werke von Picasso und Klee. Das Kunstgewerbemuseum zeigt modernes Kunsthandwerk aus Norwegen.

Auf dem ehemaligen Landsitz Elsero befindet sich heute das Freilichtmuseum Gamle Bergen mit rund 40 historischen Bergenser Holzhäusern aus dem 18., 19. und 20. Jahrhundert. Die mit Kopfsteinen gepflasterten Gassen, die originalgetreuen Einrichtungen der Häuser, die Trachten der Museumsangestellten und die arbeitenden Werkstätten geben einen guten Einblick in eine längst vergangene Zeit. Am Nordås-See kann man Edvard Griegs Haus, die Villa Troldhaugen besichtigen. In dem reich verzierten Holzhaus mit Türmchen und Veranda lebte Norwegens bekanntester Komponist zusammen mit seiner Frau 22 Jahre lang bis zu seinem Tod im Jahr 1907.

*1: Edvard Griegs Haus Troldhaugen*
*2: Schøtstue (Versammlungshaus) auf Bryggen, nahe der Marienkirche (Besichtigung mit der Eintrittskarte zum Hanseatischen Museum möglich)*
*3: Historisches Museum der Universität Bergen*
*4: Altarbild der Brekke Kirche, heute im Bergen Museum zu sehen*
*5: Meerestiere im Naturhistorischen Museum der Universität Bergen*

*www.visitbergen.com/de*
***Die Bergen Card, erhältlich unter anderem in der Touristeninformation, gewährt freien Eintritt in die meisten Museen und Sehenswürdigkeiten.***

1

2

3

4

5
Blåhval
Blue Whale

1

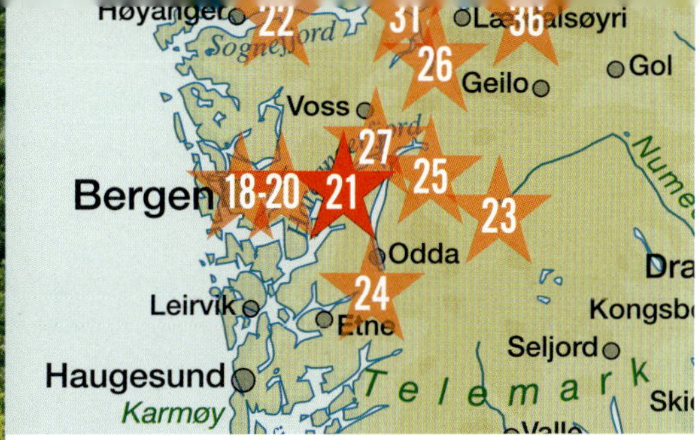


GPS: 60° 12' N, 6° 4' O

## 21 Hardangerfjord

Rund 170 Kilometer reicht der Hardangerfjord ins Landesinnere und verzweigt sich dabei in mehrere kleine Arme wie den Sørfjord und den Eidfjord. Die Landschaft am Fjord ist voller Gegensätze, denn im Frühjahr blühen die Obstbäume an den Abhängen verschwenderisch in Weiß und Rosa und die Wiesen am Fjordufer sind voller Frühlingsblumen, während die Berggipfel und Hochebenen noch eine dicke Schneekappe tragen.

Vor allem in Lofthus, dem Zentrum des Obstanbaus, stehen dann mehrere Hunderttausend Obstbäume in voller Blüte. Schon die Zisterziensermönche bauten hier im 13. Jahrhundert Obst und Gemüse an. Mit der Reformation geriet der Obstanbau dann in Vergessenheit, doch im 18. Jahrhundert besannen sich die norwegischen Bauern auf die Mönche und begannen wieder Obst anzubauen.

*1: Der Sørfjord ist ein Seitenarm des Hardangerfjords, hier bei Lofthus.*
*2: Auf der Südseite des Hardangerfjords, in Jondal, sind die Kirschen reif.*
*3: Der von der Sonne verwöhnte Sørfjord ist das größte Obstanbaugebiet Norwegens.*

*www.visitnorway.com/de*

1

2

GPS: 61° 8' N, 6° 12' O

## Sognefjord 22

Gut 200 Kilometer dringt der Sognefjord ins Landesinnere vor, damit ist er der längste Fjord Europas und auch seine größte Tiefe von mehr als 1300 Metern erreicht kein anderer. Seine Arme reichen bis zu den Ausläufern von Hardangervidda, Jotunheimen und Jostedalsbre. Vor allem die kleinen Fjordarme weiter im Landesinneren, wie Fjærlandsfjord, Aurlandsfjord oder Nærøyfjord, mit ihren oft senkrechten Felswänden, bieten spektakuläre Anblicke.

*1: Ein Sommertag in Høyheimsvik am Lustrafjord*
*2: Das Kviknes Hotel in Balestrand gilt wegen seiner verschnörkelten Holzarchitektur als eines der schönsten der Region.*
*3: Die Kirche von Nes über dem Lustrafjord*
*4: Eine der besten Möglichkeiten den Lustrafjord zu erkunden: mit dem Paddelboot*

*www.sognefjord.no/de*

1

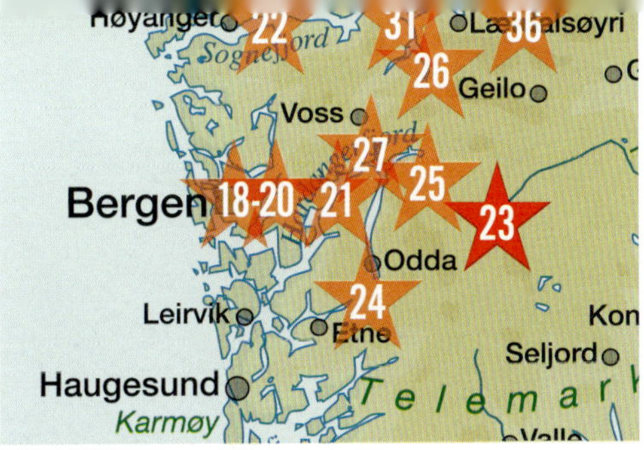


GPS: 60° 3' N, 7° 25' O

## 23 Hardangervidda

Mit einer Fläche von rund 8000 Quadratkilometern bildet die Hardangervidda die größte Hochebene Europas. Das Gebirgsplateau liegt zwischen 1200 und 1400 Metern über dem Meer, ist weitgehend unbewohnt, karg, steinig und mit zahlreichen Seen gesprenkelt. Seit 1981 sind 3422 Quadratkilometer als Nationalpark geschützt. Auf dem windausgesetzten Hochplateau herrschen im Winter Bedingungen, die mit denen in der Arktis und Antarktis vergleichbar sind, deshalb hat sich Roald Amundsen hier auf seine Polarexpeditionen vorbereitet. Aus der Hochebene ragt im nördlichen Teil bei Finse der sechstgrößte Gletscher des Landes, der Hardangerjøkul. Im Westen erhebt sich als grauer Granitkoloss der Tafelberg Harteigen (1690 Meter) rund 300 Meter über die umliegende Hochebene. Seine markante, hutförmige Gestalt macht ihn zum Wahrzeichen der Hardangervidda.

*1: Nachtstimmung in der wilden Natur der Hardangervidda*
*2: Haukeliseter ist ein guter Ausgangspunkt für Wanderungen in der südlichen Hardangervidda.*

*www.hardangervidda.com/de*

2

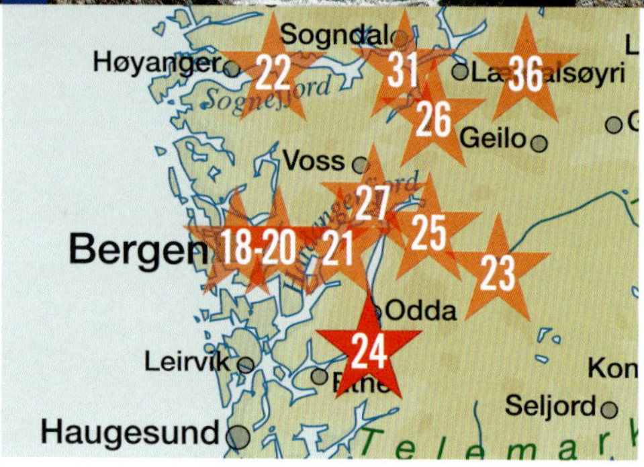


GPS: 59° 56' 52" N, 6° 35' 7" O

## 24 Låtefoss

Zwischen Hardangerfjord und Sørfjord schiebt sich die keilförmige Kvinnherad-Halbinsel, die zum Großteil von Norwegens drittgrößtem Gletscher, dem Folgefonna, bedeckt ist. Größte Stadt am Sørfjord ist Odda, das sich von einem beliebten Urlaubsort in einen Industriestandort verwandelt hat. Mehrere Fabriken im Ort stellen Aluminium, Zink und Carbid her.

15 Kilometer südlich der Stadt stürzt der Låtefoss über eine 400 Meter lange Wassertreppe von der Hardangervidda in den Fjord, wobei der letzte, 165 Meter hohe Teil des Falls einen besonders spektakulären Anblick bietet. Durch das südwestlich von Odda gelegene Buertal erreicht man den Buerbre, einen Teil des Folgefonna-Gletschers.

*1: Die Region um Odda nennt man „Tal der Wasserfälle", der Låtefoss ist einer der eindrucksvollsten.*

*2: Eine Brücke quert den Låtefoss.*

*www.visitodda.com*

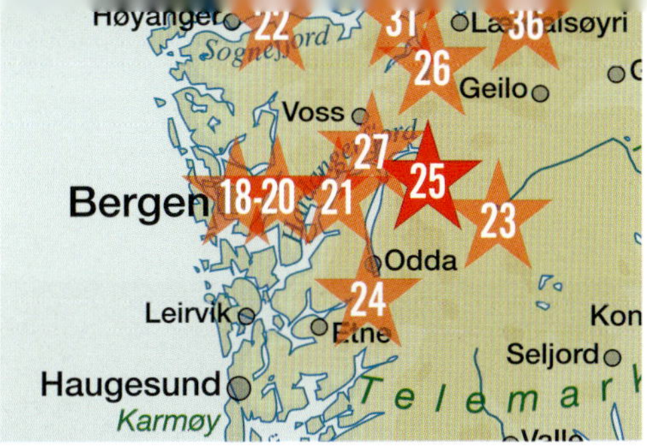


GPS: 60° 25' 59" N, 7° 9' 21" O

## 25 Vøringfoss

Ein Abstecher von Kinsarvik in Richtung Hardangervidda führt hinein ins enge Mabøtal und zu Norwegens bekanntestem Wasserfall, dem Vøringfoss. Die beiden Aussichtspunkte bei der Vøringfoss Kafeteria und beim Fossli Hotel bieten einen Blick von oben auf den 182 Meter hohen Wasserfall. Noch beeindruckender ist allerdings der Blick von unten auf das herabstürzende Wasser. Nach einem rund halbstündigen Spaziergang steht man in einem engen Talkessel und mitten in der Gischt des Vøringfoss. Wer außerhalb der Touristensaison (vom 1. Juni bis 15. Oktober) kommt, sieht nicht mehr viel von diesem majestätischen Schauspiel, denn auch der Vøringfoss steht schon lange im Dienst der Stromgewinnung, dafür wird sein Wasser in einen Staudamm umgeleitet. Erst nach heftigen Protesten haben die Betreiber des Sima Kraftwerks zugesichert, dass während des Sommers genügend Wasser über die Felskante stürzt.

*3: Wilde Natur am Vøringfoss*

***Vøringfoss Kafeteria***
*www.voringsfoss.no*
***Fossli Hotel***
*www.fossli-hotel.com*

GPS: 60°52' N, 7° 7' O (Flåm)
60° 36' 6" N, 7° 30' 14" O (Finse)
60° 44' 18" N, 7° 7' 23" O (Myrdal)

# 26 Bergenbahn

Die Bergenbahn verbindet die Hauptstadt Oslo mit der größten Stadt an der Westküste und zählt zu den schönsten Bahnstrecken Europas. Der Zug schlängelt sich fast die ganze Zeit in relativ gemütlichem Tempo durch atemberaubende Landschaften. Am eindrucksvollsten ist die Passage über die Hardangervidda zu Norwegens höchstem Bahnhof Finse, 1222 Meter über dem Meeresspiegel. Hier lohnt es sich auszusteigen, denn der eindrucksvolle Plateaugletscher Hardangerjøkul und die karge, baumlose Hochebene laden, je nach Jahreszeit, zu Wanderungen oder Skitouren ein.

Vor der Eröffnung der Bahnstrecke im Jahr 1908 dauerte die Fahrt von Oslo nach Bergen, inklusive einer Schiffspassage über den Krøderen-See, noch 21 Stunden. Heute benötigt man für die 470 Kilometer lange Reise nur noch rund sieben Stunden. Für die Trasse mussten insgesamt 182 Tunnel in den Fels gesprengt und rund 300 Brücken gebaut werden.

Nicht nur für Eisenbahnliebhaber ist der Abstecher mit der Flåmbahn von der Hardangervidda hinunter zum Aurlandsfjord ein Muss. Es sind zwar nur 20 Kilometer, doch die sind spektakulär. Mehrmals täglich fahren die Züge der Flåmbahn mit Touristen durch das steile und enge Gebirgstal, 900 Höhenmeter zum Fjord hinunter und wieder hinauf. Um durch Lawinen gefährdete Gebiete zu umgehen, überquert der Zug dreimal den Fluss und den Talboden und schlängelt sich durch 18 Tunnel. An den schönsten Aussichtspunkten fährt der Zug besonders langsam oder hält sogar an.

*1: Wird selten benötigt, beruhigt aber ungemein: die Notbremse.*
*2: Eine besondere Attraktion: die Fahrt mit der Flåmbahn durch das Flåmtal*
*3: Finse ist der höchstgelegene Bahnhof in Nordeuropa.*
*4: Die Bahnstrecke zwischen Geitsund und Gol*

*www.de.visitflam.com/flambahn*

1

2

3

4

1

GPS: 60° 25' N, 6° 37' O

# 27 Utne

Das Utne Hotel befindet sich an der nördlichsten Spitze der Folgefonn-Halbinsel, dort wo sich der Hardangerfjord in den Granvinfjord, den Eidfjord und den Sørfjord teilt. Vom Hotel genießt man einen schönen Blick auf die weite Fjordlandschaft. Das fast 300 Jahre alte Traditionshotel hat lange Jahre Torbjorg Utne (1812–1903), auch liebevoll „Mutter Utne" genannt, geführt. Nach ihr wurde das Hotel mehrfach schonend saniert, ohne dabei seinen Charme zu verlieren.

2

*1: Blick über Utne in den Hardangerfjord*
*2: Das älteste norwegische Hotel, ein weißer Holzbau, stammt von 1722.*



*www.dehistoriske.com/hotel/utne-hotel*
*www.utnehotel.no/en*

GPS: 61° 18' N, 6° 41' W

# 28 Fjærlandsfjord

Der Fjærlandsfjord ist ein 27 Kilometer langer Nebenarm des Sognefjords, der kleine Ort Fjærland liegt am westlichen Fjordufer. Fjærland nennt sich Bücherdorf, denn in vielen lange ungenutzten Gebäuden, wie Bootshäusern, dem Warteraum der Autofähre und sogar in der ehemaligen Bank befinden sich mittlerweile kleine Antiquariate, Cafés und Galerien, die zum Stöbern einladen. Die meisten Bücher sind natürlich auf Norwegisch, aber Bildbände oder schöne Raritäten lohnen auch für Touristen.

Lange war der kleine Ort nur über den Fjord zu erreichen, doch seit der Fertigstellung des Tunnels und der Straße nach Sogndal ist der Weg nach Fjærland kürzer geworden. In der Nähe, und bequem zu erreichen, sind Supphellebre und Bøyabre, zwei Gletscherzungen des Jostedalsbre. Das Eis des Bøyabre wirkt an dem steilen Hang wie angeklebt, doch hin und wieder brechen große Eisbrocken ab und poltern mit lautem Getöse in den kleinen See am Fuß des Gletschers.

*3: Das Norwegische Gletschermuseum in Fjærland*
*4: Am Fjærlandsfjord unterwegs*

***Tipp: Das Norwegische Gletschermuseum in Fjærland ist ein abwechslungsreiches Erlebniszentrum mit Ausstellungen, Schautafeln und Experimenten über Gletscher und Klimaänderungen. Gezeigt wird auch der Gletscherfilm von Ivo Caprino im Superbreitwandformat.***

*www.fjaerland.org, www.hotelmundal.no*
*www.deutsch.bre.museum.no*

1

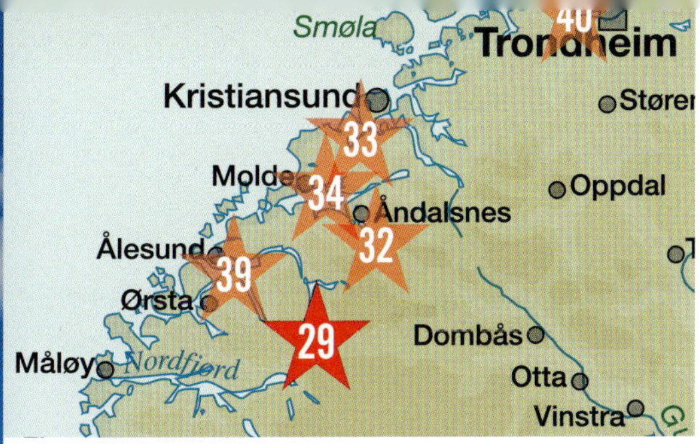


GPS: 62° 6' N, 7° 5' O

# 29 Geirangerfjord

Der bekannteste Fjord Norwegens bildet eine rund 15 Kilometer lange Fortsetzung des Sunnylvsfjords. Bis man das Ende des Fjords und den kleinen Ort Geiranger erreicht, genießt man den Blick auf die Wasserfälle „Sieben Schwestern", „Freier" und „Brautschleier", und hinter jeder sanften Kurve wartet ein neuer landschaftlicher Höhepunkt. Scheinbar unerreichbar thronen Almen auf winzigen Felsvorsprüngen, im Fjordland war früher jeder Quadratmeter Wiese eine Kostbarkeit. Heute sind viele der Gehöfte allerdings verlassen, zu mühsam gestaltet sich das Leben in schwindelerregender Höhe.

Schon die ersten Norwegen-Reisenden waren vom Geirangerfjord hellauf begeistert, woran sich bis heute nichts geändert hat. Deshalb platzt Geiranger im Sommer aus allen Nähten, vor allem, wenn mehr als ein Kreuzfahrtschiff im Fjord vor Anker liegt.

*1: Highlight jeder Norwegen-Reise: der Geirangerfjord*
*2: Den besten Blick hat man von der futuristisch anmutenden Aussichtsplattform.*
*3: Das Kreuzfahrtschiff „Queen Elizabeth" am Wasserfall „Sieben Schwestern"*

*www.geiranger.no*

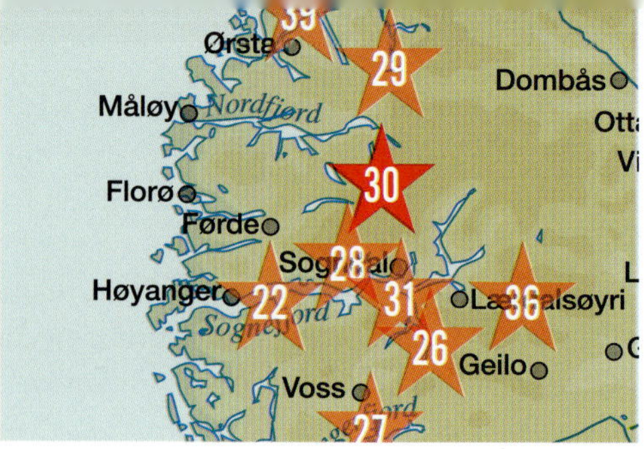


GPS: 61° 40' N, 6° 59' O

# 30 Jostedalsbre

Der Jostedalsbre bedeckt eine Fläche von knapp 500 Quadratkilometern, damit ist er der größte Gletscher auf dem europäischen Festland. Seine Nord-Süd-Ausdehnung beträgt etwa 100 Kilometer, in Ost-West-Richtung etwa 15 Kilometer, die Eisschicht erreicht eine Dicke bis zu 500 Metern. Das Gletscherplateau, aus dem einige eisfreie Gipfel herausragen, liegt zwischen 1600 und 1900 Metern über dem Meeresspiegel, von hier fließen rund zwei Dutzend Gletscherzungen zu Tal. Da um den Jostedalsbre noch viele weitere kleinere Eisfelder liegen, nennen die Norweger das Gebiet Breheimen, die Heimat der Gletscher. Seit 1991 stehen 1315 Quadratkilometer des Jostedalsbre als Nationalpark unter Schutz.

*1: Der Krunebre, eine Gletscherzunge des Jostedalsbre, entwässert in den See Lovatnet.*
*2: Die Gletscherzunge Nigardsbre fließt in sanften Kurven zu Tal.*
*3: Gletscherwanderung über den Nigardsbre, eine der schönsten Gletscherzungen des Jostedalsgletschers*

*www.jostedal.com*
*www.jostedalsbreenadventure.com/ger*

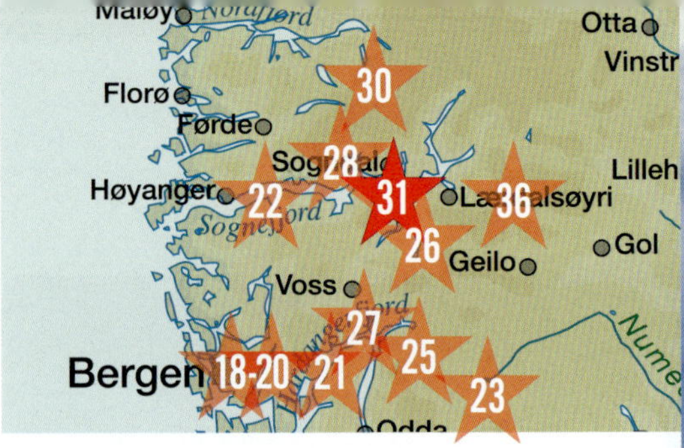


GPS: 61° 5' 0" N, 7° 2' 0" O

# 31 Aurlandsfjord

Der Aurlandsfjord ist ein Seitenarm des Sognefjords, am Fjord liegen die Orte Aurlandsvangen und Flåm, das durch die Flåmbahn alljährlich viele Tausend Besucher anzieht. Der mit 24,5 Kilometer längste Straßentunnel der Welt verbindet Aurlandsvangen mit Lærdalsøyri. Im Gegensatz zu dieser ganzjährigen Verbindung ist der Snøveg (Schneestraße), auch Aurlandsvegen genannt, über das Gebirge nur im Sommer geöffnet. Der Name dieser Straßenverbindung, die auf der Passhöhe 1309 Höhenmeter erreicht, bezieht sich auf die großen Schneemengen, die auch im Sommer noch am höchsten Punkt liegen. Deshalb kann die Straße in der Regel nur von Anfang Juni bis Mitte Oktober befahren werden. Seit 2006 bietet der Aussichtspunkt Stegastein, eine 30 Meter lange Rampe, die mit einer Glasscheibe endet, fantastische Blicke auf den mehr als 600 Meter tiefer liegenden Ort Aurlandsvangen sowie den Fjord.

*1: Der Aurlandsfjord ist ein beliebtes Ziel für Kreuzfahrten*
*2: Den besten Blick hat man von der Aussichtsplattform Stegastein.*

*www.de.wikivoyage.org/wiki/Aurlandsfjord*

2

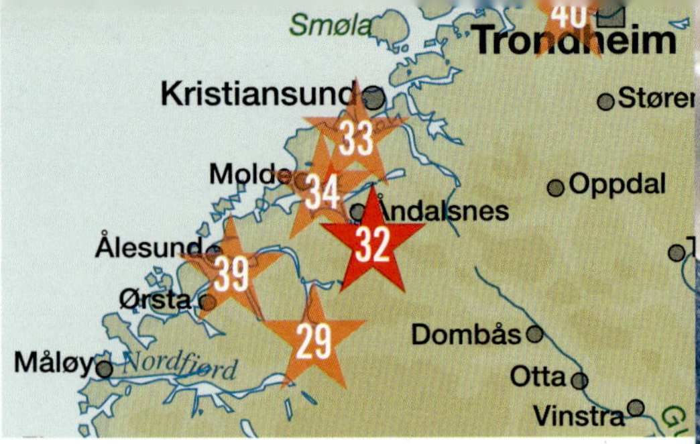


GPS: 62° 27' 25" N, 7° 40' 24" O

# 32 Trollstigen

Elf Serpentinen falten das Asphaltband kunstvoll zusammen, sie bilden das Herzstück des Trollstigen. Dieses Meisterwerk der norwegischen Straßenbauer wurde 1936 durch eine der wildesten Landschaften gebaut. Unterwegs stürzt der Stigfoss direkt neben der Straße 180 Meter in die Tiefe. Eingerahmt wird die Straße von gewaltigen Bergmassiven, die bis zu 1600 Meter aufragen. Im Westen liegen Bispen (1462 Meter), Kongen (1614 Meter) und Dronninga (1544 Meter), im Osten ragen Stigbottshornet (1583 Meter) und Storgrovfjellet (1629 Meter) empor.

Den Höhepunkt bilden die Trolltindane, die Trollzinnen. Der Sage nach waren es Trolle, die zu einer Hochzeitsgesellschaft unterwegs waren, doch auf dem Weg zur Kirche haben sie getrödelt, und als die Sonne am nächsten Tag aufging, wurden sie zu Stein.

*1: Nicht nur die Straße, auch die Aussichtsplattform ist ein kühnes Bauwerk.*
*2: Elf spektakuläre Haarnadelkurven bis zum Pass*

1

***Der Trollstigen hat eine Wintersperre und ist meist von Anfang November bis Mitte Mai gesperrt.***
*www.nasjonaleturistveger.no/de*

2

1

2

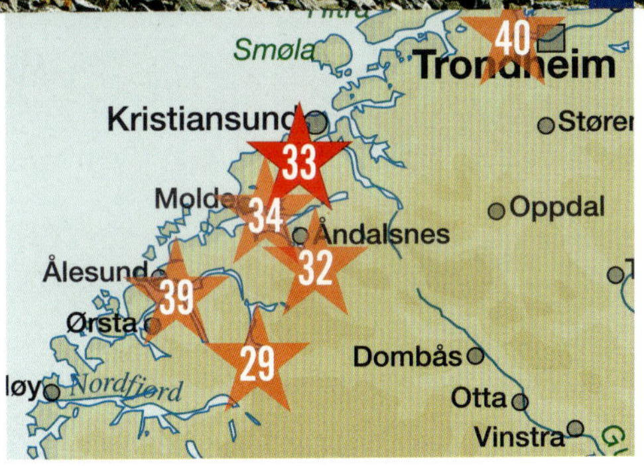


3

GPS: 63° 1' N, 7° 20' O

## Atlanterhavsvegen 33

Die Reichsstraße 64 führt von Molde nach Kristiansund, als Atlantikstraße wird der gut 8 Kilometer lange Abschnitt zwischen Vevang und Kårvåg bezeichnet. Durch ihren Verlauf über acht Brücken und mehrere kleine Inseln bildet sie eine Touristenattraktion; Einheimische fahren gerne zum Angeln dorthin. Da diese kühne Straßenkonstruktion einen Fjordausgang kreuzt, treten beim Tidenwechsel beeindruckende Strömungen auf. Zurzeit der Herbststürme hüllt die Gischt der sich brechenden Wellen die Straße oft in einen weißen Nebel.

*1–3: Atlanterhavsvegen zwischen Bud und Kårvåg*

*www.visitmolde.com/ho/Atlanterhavsvegen*

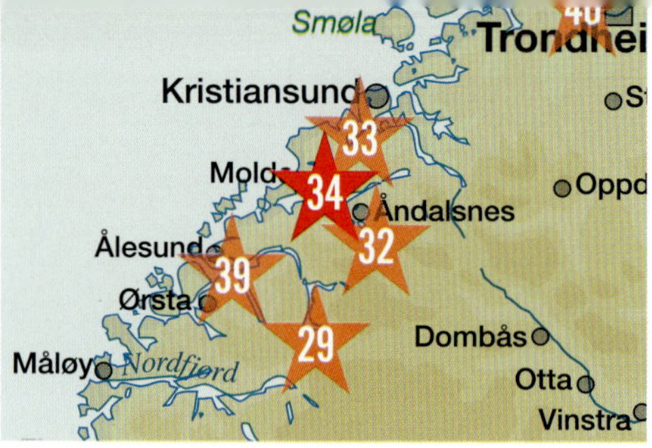


GPS: 62° 44' N, 7° 10' O

## 34 Molde

Molde, am Nordufer des Romsdalsfjordes, wird wegen der vielen blühenden Rosen auch „Stadt der Rosen" genannt. Nach dem Zweiten Weltkrieg wieder aufgebaut, wirkt die Stadt architektonisch eher nüchtern. Das Romsdalsmuseum, eines der größten Freilichtmuseen Norwegens, gibt einen Einblick in frühere Zeiten. Ein Ausflug zum gut 400 Meter hohen Aussichtspunkt Varden lohnt wegen des berühmten Molde-Panoramas, das einen Ausblick auf mehr als 200 Gipfel eröffnet, von denen einige auch im Sommer noch mit Schnee bedeckt sind.

Während des alljährlichen Jazzfestivals Mitte Juli, das seit 1961 veranstaltet wird und sich europaweit einen Namen gemacht hat, platzt die Stadt aus allen Nähten, denn zu den mehr als 100 Konzerten kommen rund 100 000 Zuschauer.

*1: Auf der Insel Hjertøya ist ein kleines Fischereimuseum untergebracht.*
*3: Molde gibt sich modern und weltoffen: das neue Kulturzentrum Plassen.*
*4: Im Hafen von Molde begegnen sich die Schiffe der Hurtigruten.*

*www.visitmolde.com/de*
*www.moldejazz.no*

1

2

3

1

2

GPS: 61° 7' 25" N, 10° 28' 26" O

# Lillehammer und das Gudbrandsdal 35

Das Gudbrandsdal beginnt in Lillehammer und zieht sich zu beiden Seiten des Flusses Lågen über 300 Kilometer in Richtung Norden. Es ist Norwegens längstes und bekanntestes Tal. Über weite Strecken steigen seine Berghänge sanft an, wobei die Felder und Wiesen fast bis an die Baumgrenze reichen. Das Tal ist eine der ältesten norwegischen Kulturlandschaften, was auch die vielen historischen Bauernhäuser belegen. Im nördlichen Gudbrandsdal zwängt sich der Lågen schäumend durch einige Schluchten, weiter im Süden fließt er träge durch das breite Tal.

Lillehammer ist das touristische Zentrum im südlichen Gudbrandsdal. Es ist ein kleines, gemütliches Städtchen an der Mündung des Lågen in den Mjøsa-See, und besitzt im Zentrum zahlreiche alte Holzhäuser und viele gemütliche Cafés. International bekannt wurde Lillehammer als Ausrichter der Olympischen Winterspiele 1994.

Mit den Sandvigschen Sammlungen auf dem Hügel Maihaugen besitzt Lillehammer eines der größten Freilichtmuseen Norwegens, in dem viele alte Holzhäuser für die Nachwelt bewahrt werden. Dieses Museum geht auf den Zahnarzt Anders Sandvig zurück, der Ende des 19. Jahrhunderts Gebrauchsgegenstände und Häuser aufkaufte, um die bäuerliche Tradition für die Nachwelt zu erhalten. 1904 übernahm schließlich die Stadt Lillehammer seine Sammlung und richtete auf dem Maihaugen ein Museum ein.

Südlich von Lillehammer erstreckt sich der Mjøsa-See, mit einer Fläche von 369 Quadratkilometern ist er der größte See Norwegens. Seit 1856 befährt der Schaufelraddampfer „Skibladner" den See. Heute ist der weiße Schwan, wie die Norweger das Schiff liebevoll nennen, ausschließlich als Touristenattraktion im Einsatz.

*1: Mittsommerfeier im Freilichtmuseum Maihaugen in Lillehammer*
*2: Fast 200 Gebäude im Freilichtmuseum Maihaugen zeigen die Geschichte des bäuerlichen Lebens.*
*3: An der Skisprungschanze in Lillehammer wird auch im Sommer trainiert.*
*4: Das Olympische Museum zeigt die Geschichte der Spiele von der Antike bis zur Gegenwart.*

*www.lillehammer.com/de*
*www.maihaugen.no/en*

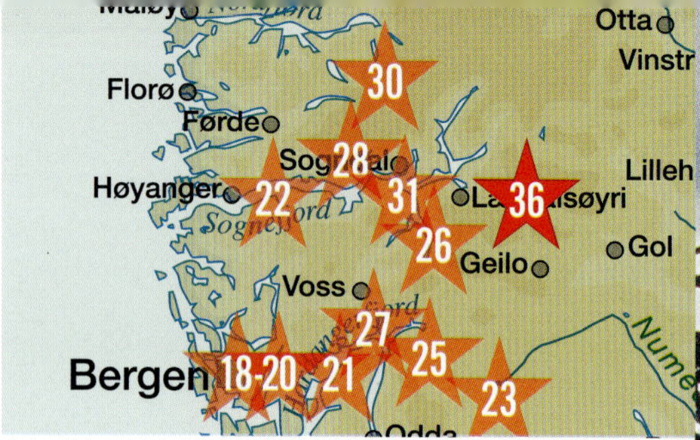


GPS: 61' 4' 40" N, 6° 33' 59" O *(Hopperstad)*
61° 17' 53" N, 7° 19' 19" O *(Urnes)*
61° 2' 51" N, 7° 48' 44" O *(Borgund)*
61° 50' 21" N, 8° 33' 59" O *(Lom)*

# 36 Stabkirchen

Im 13. Jahrhundert gab es in Norwegen ungefähr 1000 Stabkirchen, um 1800 nur noch rund 100, heute sind es landesweit nur noch 28. Einige stehen allerdings nicht mehr an ihrem ursprünglichen Ort, andere wurden so stark umgebaut, dass sie auf den ersten Blick gar nicht mehr als Stabkirchen zu erkennen sind. Oft werden die hölzernen Gotteshäuser mit aufgetakelten Wikingerschiffen verglichen, denn die tragenden Elemente – die namengebenden staver – streben wie Schiffsmasten gen Himmel.

*1: Stabkirche Hopperstad, Schnitzereien am Eingang*
*www.trolljenta.no/kultur/stabkirchen/hopperstad*
*2: Die älteste Stabkirche liegt in herrlicher Lage in Urnes.*
*www.trolljenta.no/kultur/stabkirchen/urnes*
*3: Die Stabkirche Borgund zählt zu den schönsten und meistbesuchten.*
*www.trolljenta.no/kultur/stabkirchen/borgund*
*4: In der Stabkirche Lom kann man gut das Konstruktionsprinzip erkennen.*
*www.trolljenta.no/kultur/stabkirchen/lom*

1

2

*www.stavechurch.com*

3

4

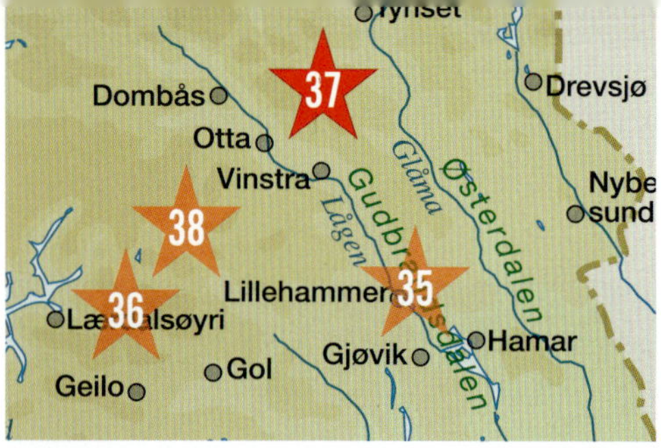


GPS: 61° 53' N, 9° 50' O

# 37 Rondane

Das Rondane-Massiv erhebt sich östlich vom Gudbrandsdal, es wurde 1962 zum ersten Nationalpark Norwegens erklärt. Im Nationalpark gibt es zehn Gipfel, die höher als 2000 Meter aufragen, der höchste von ihnen ist der Rondslottet mit 2178 Metern. Aber auch Storronden (2138 Meter) und Høgronden (2118 Meter) sind kaum niedriger. Der Nationalpark wird durch mehrere tief eingeschnittene Täler gegliedert, das ausgeprägteste trennt Storronden und Rondslottet von Veslesmeden und Storsmeden. Zwischen den steilen Berghängen dieses Tales liegt der schmale See Rondvatnet. Im Rondane fällt teilweise weniger als 500 Millimeter Niederschlag pro Jahr, dies verhindert eine Gletscherbildung wie im benachbarten Jotunheimen. Moränenhügel und Sanderflächen der letzten Eiszeit sind bis heute fast vegetationslos geblieben.

Der Nationalpark erfreut sich bei Norwegern und Touristen großer Beliebtheit, vor allem, weil das gesamte Gebiet sehr gut erschlossen ist. Vom Gudbrandsdal führen mehrere Stichstraßen bis an die Nationalparkgrenze bei Høvringen, Mysuseter und Rondablikk.

*1: Bjørnhollia, eine Hütte des Norwegischen Wandervereins DNT*

*2: Atnsjøen vor dem Rondane-Panorama*

*www.nasjonaleturistveger.no/de/routen/rondane*

1

2

GPS: 61° 38' N, 8° 18' O

# 38 Jotunheimen

Jotunheimen bedeutet „Heimat der Riesen“, ein durchaus passender Name, denn in dem Gebirge ragen die höchsten Berge Skandinaviens auf. Die Bezeichnung „Heimat der Riesen“ wurde Mitte des 19. Jahrhunderts von dem Dichter Aasmund Olavsson Vinje geprägt, der sich beim Anblick dieser wilden Landschaft von der nordischen Mythologie inspirieren ließ. Doch ihren Ursprung haben die schroffen Gipfel, Moränen und Trogtäler in der letzten Eiszeit.

Die höchsten Gipfel sind Galdhøpiggen (2469 Meter) und Glittertind (2464 Meter). 20 Gipfel sind höher als 2300 Meter und 250 höher als 1900 Meter. Die lang gestreckten Seen sowie die Gletscher sorgen für eine starke Gliederung des Gebirgsmassivs. Südwestlich schließt sich das Hurrungane-Gebirge an, dessen Gipfel besonders schroff und bizarr wirken und ein Eldorado für ambitionierte Felskletterer darstellen. Westlich vom Jotunheimen erstreckt sich Breheimen, eine Ansammlung von vielen kleinen Gletschern, die praktisch nahtlos in den Jostedalsbre übergehen. Über das angrenzende Sognefjell führt Norwegens höchste Passstraße (1434 Meter). Auch die Straße über die baumlose Hochebene Valdresflya bietet spektakuläre Ausblicke.

*3: Sommertag im Sognefjell, mit Blick auf die Berge und Gletscher in Jotunheimen*
*4: Im Visdal, mit Blick auf Spiterstulen und Glittertind*

***Die Passstraßen sind nur während des Sommers geöffnet.***

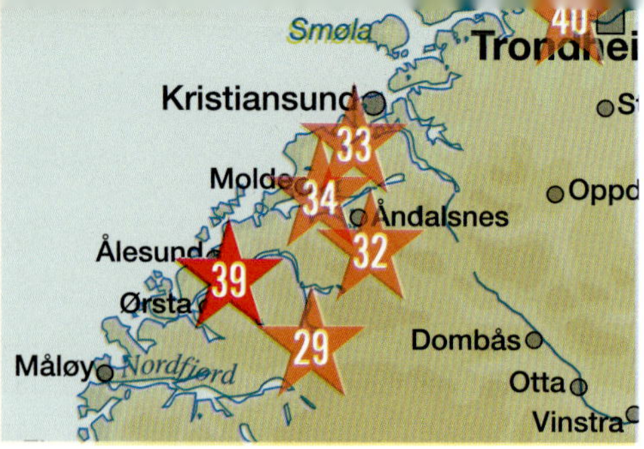


GPS: 62° 28' N, 6° 10' O

# 39 Ålesund

Ein verheerender Brand im Jahr 1904 hat rund 850 Holzhäuser und damit fast die komplette Innenstadt Ålesunds zerstört. Damit sich solch eine Katastrophe nicht wiederholen konnte, wurde die Stadt mit Steinhäusern im damals modernen Jugendstil neu erbaut. Bei einem Spaziergang wird man von der architektonischen Pracht Ålesunds überrascht sein, denn viele der nach dem Brand errichteten Häuser sind mit Blumenornamenten, Erkern und Türmchen verziert.

Im Jugendstilzentrum, in der ehemaligen Svane-Apotheke, erfährt man alles über den Brand und den Wiederaufbau, der dank einer großzügigen Spende von Kaiser Wilhelm II., einem großen Norwegenliebhaber, in nur drei Jahren gelang.

Lohnend ist ein Blick vom Stadtberg Aksla, denn aus der Vogelperspektive sind die dicht bebauten Inseln der Innenstadt, die vorgelagerten Schären und die Sunnmøre-Alpen gut zu sehen.

*1: Den besten Blick auf die Stadt hat man vom Berg Aksla mit den Aussichtspunkten Fjellstua und Kniven.*

www.visitalesund-geiranger.com/de

1

2

3

GPS: 63° 26' N, 10° 24' O

# 40 Trondheim

Die drittgrößte Stadt Norwegens liegt auf einer Halbinsel zwischen dem Fjord und dem Fluss Nidelv. Dem Stadtgründer, dem Wikingerkönig Olav Tryggvason (968–1000), wurde auf dem Marktplatz auf einer schlanken Säule ein Denkmal gesetzt. Sein Handelsplatz wurde zur Keimzelle des heutigen Trondheims. Olav Haraldsson, auch Olav der Heilige genannt (995–1030), machte Trondheim zu einem Zentrum der Christianisierung und zur bedeutendsten Stadt des Landes mit Königsresidenz und Bischofssitz.

Mehrere Brände wüteten im Laufe der Jahrhunderte in der Stadt, doch keiner war so verheerend wie der von 1681, der Trondheim fast vollständig in Schutt und Asche legte. Mit dem Wiederaufbau beauftragte König Christian V. den Hugenottengeneral Johan Caspar Cicignon. Nach dem Vorbild vieler europäischer Großstädte legte er breite und gerade Straßenzüge als Feuerschneisen an. Die beiden Hauptstraßen, die Kongensgata und die Munkegata, schneiden sich auch heute noch rechtwinklig am Torget, dem zentralen Marktplatz.

Der Nidaros-Dom, Skandinaviens größte mittelalterliche Kirche, die gegen Ende des 11. Jahrhunderts über dem Grab Olav des Heiligen errichtet wurde, ist heute Mittelpunkt der Stadt. Die ältesten Teile der heutigen, 100 Meter langen und 50 Meter breiten Kathedrale, sind die Querschiffe und die Sakristei im romanischen Stil. Chor, Hauptschiff und der zentrale Turm wurden 100 Jahre später im gotischen Stil hinzugefügt. Während seiner wechselvollen Geschichte wurde der Nidaros-Dom von mehreren verheerenden Bränden verwüstet, aber immer wieder neu aufgebaut, die letzten Sanierungen an der Westfront liegen erst wenige Jahre zurück.

*2: Paddeltour auf dem Fluss Nidelv entlang der historischen Speicherstadt*
*3: Die Fassade des Nidaros-Doms*

www.trondheim.no/engelsk

GPS: 62° 34' N, 11° 22' O

# 41 Røros

Røros ist die einzige Stadt im Gebirge und bekannt für ihr raues Klima, vor allem im Winter. Die reichen Kupfervorkommen in der Umgebung, die über 300 Jahre abgebaut wurden, waren der Hauptgrund, warum sich hier überhaupt Menschen angesiedelt haben. Erst in den 1970er-Jahren endete der Abbau durch den Konkurs der Bergbaugesellschaft. Mit seinen uralten, wettergegerbten Holzhäusern, die teilweise noch Grasdächer besitzen, und den engen Gassen wirkt der Ort, der von der UNESCO als Weltkulturerbe geführt wird, wie ein Freilichtmuseum.

Besonders malerisch sind die teils winzigen Häuser, die von hohen Schlackehalden überragt werden. Wahrzeichen von Røros ist das einzige Steinbauwerk, die barocke Kirche vom Ende des 18. Jahrhunderts.

*1: Die historische Altstadt von Røros*
*2: Die Kjerkgata, zentrale Einkaufsstraße von Røros, im Hintergrund die Kirche*

1

*Am Malmplass befindet sich die ehemalige Schmelzhütte, in der heute ein Museum untergebracht ist, das die Geschichte des Kupferbergbaus und der Stadt erzählt.*

*www.roros.no*

2

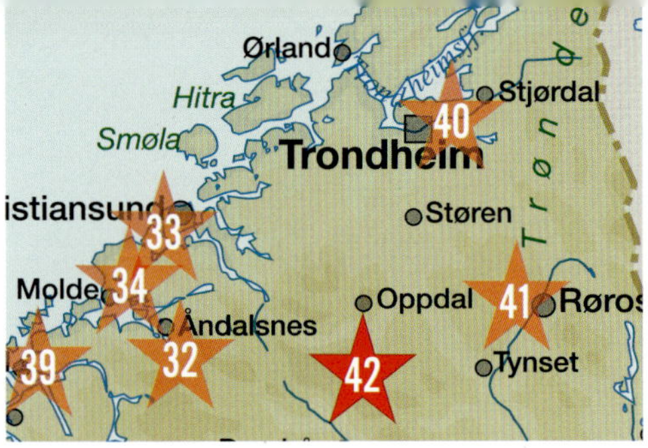


GPS: 62° 16' N, 9° 13' O

# 42 Dovrefjell

Der 2002 gegründete Dovrefjell-Sunndalsfjella-Nationalpark umfasst 1693 Quadratkilometer und wird durch die E 6 in einen größeren West- und einen kleineren Ostteil geteilt. Vom höchsten Berg, der weithin sichtbaren Snøhetta (2286 Meter), reicht der Blick bis zum Jotunheimen mit den höchsten Gipfeln Galdhøppigen und Glittertind. Auch im Dovrefjell sind die Spuren der letzten Eiszeit noch allerorts auszumachen, die zahlreichen Moränenhügel und Sanderflächen wirken oft wie Schutthalden, denn sie tragen kaum Vegetation.

Auf der Hochebene jenseits der Baumgrenze leben rund 100 Moschusochsen, deren Vorfahren nach dem Zweiten Weltkrieg aus Grönland hier angesiedelt wurden. Im Sommer werden täglich geführte Wanderungen zu den Moschusochsen angeboten.

*1: Sommer auf dem Dovrefjell*
*2: Der Beobachtungs-Pavillon „Wild Reindeer Centre Pavilion“ des Architekturbüros Snøhetta gegenüber dem gleichnamigen Berg*
*3: Wanderung auf der Suche nach den Moschusochsen*
*4: Moschusochse auf dem Dovrefjell*

*www.nasjonalparker.org/en*
*www.moskussafari.no/de*

1

2

3

4

# NORDNORWEGEN

Nördlich von Trondheim werden die Siedlungen kleiner und spärlicher; zwischen ihnen breitet sich Wildnis aus. Fast alle Städte liegen in der Nähe des Meeres, das im Nordland die einzige Lebensgrundlage bildet. Doch selbst entlang der Küste gibt es lange Abschnitte, die unbewohnt sind. Im Landesinnern konnten die Menschen nie richtig sesshaft werden, nur einige Tausend Samen haben es geschafft, mit ihren Rentieren den widrigen Witterungsbedingungen zu trotzen.

Wohl niemand wäre nach Nordnorwegen gezogen, wären da nicht die ertragreichen Fischschwärme vor der Küste gewesen. Hering, Dorsch, Köhler, Lodde, Schellfisch, Seelachs und Lachs waren lange Zeit im Überfluss vorhanden und belohnten für die harten Lebensbedingungen jenseits des Polarkreises. Irgendwann war das Meer fast leer gefischt und die Fischer standen vor dem Ruin, denn im hohen Norden gibt es kaum Alternativen zu Fischfang und Fischverarbeitung. Seit einigen Jahren ist die Aquakultur, die aus Hochseefischern Fischfarmer gemacht hat, profitabel.

## SEHNSUCHTSZIEL NORDKAP

Die meisten, die zum Nordkap wollen, nehmen die E 6 und wundern sich, wie lange die Fahrt dauert. Es geht durch Mosjøen, eine moderne Industriestadt mit pittoresker Altstadt aus bunten Holzhäusern. Mo i Rana ist ebenfalls modern und nüchtern, in ihrer Nähe lohnt der Svartisen, der zweitgrößte norwegische Gletscher inmitten des Saltfjellet-Svartisen-Nationalparks, einen Besuch.

*Der Kirkefjord bei Reine bietet ein typisches Lofotenpanorama: hohe Berge, die direkt aus dem Meer aufsteigen. (oben) – Weites Land im hohen Norden, die Varanger-Halbinsel mit dem Leuchtturm Kjölnes. – Zur traditionellen Ostermesse kommen die Samen in bunter Tracht. – Malerisch am Kirkefjord gelegen: das Fischerdorf Reine.*

**Varanger-Halbinsel**

**Samin in Tracht**

**Reine auf den Lofoten**

Bodø, ebenfalls nach den Zerstörungen des Zweiten Weltkrieges neu aufgebaut, ist einer der bedeutendsten Verkehrsknotenpunkte in Nordnorwegen und die wichtigste Stadt der Provinz Nordland. Im Hafen legen die Schiffe der Hurtigruten an, außerdem gibt es Fährverbindungen zu den Inseln Værøy und Røst sowie nach Moskenes. Bodø ist zudem Endstation der Nordlandbahn und besitzt einen wichtigen Flughafen.

Narvik ist geprägt von den riesigen Erzverladeanlagen an der Bahnlinie nach Kiruna. Hier wird das schwedische Erz über den ganzjährig eisfreien Hafen verschifft.

Noch weiter nördlich kommt man in Norwegens nördlichste Provinz, die Finnmark, die gleichzeitig die größte und mit rund 1,5 Einwohnern pro Quadratkilometer auch die am dünnsten besiedelte ist. Einen Großteil dieses Gebietes macht die Finnmarksvidda aus, ein karges Hochplateau, das bis zu 600 Meter über dem Meeresspiegel liegt. Hier herrschen extreme Witterungsbedingungen, im Winter wird es bitterkalt, mit Temperaturen bis zu -30° C, doch im Sommer ist es in Anbetracht der nördlichen Lage oft erstaunlich warm. Der Preis für diese angenehmen Temperaturen sind allerdings Schwärme von Mücken, die allen das Leben schwer machen. Selbst die Rentiere leiden unter diesen Plagegeistern und sind froh, wenn sie auf die Sommerweiden an der Küste kommen. In der Finnmark lebt fast die Hälfte aller norwegischen Samen, die vor etwa 10 000 Jahren nach Nordskandinavien eingewandert sind.

GPS: 66° 33' 55" N, 15° 19' 25" O

## 43 Polarkreis

Je weiter man im Sommer nach Norden fährt, desto kürzer werden die Nächte. Am Polarkreis geht die Sonne am Tag der Sommersonnenwende – am 21. Juni – dann gar nicht mehr unter. Zur Wintersonnenwende geht die Sonne am Polarkreis an einem Tag nicht auf. Fährt man noch weiter nach Norden, wird auch die Periode der 24-Stunden-Tage immer länger, am Nordkap dauert sie ungefähr von Mitte Mai bis Ende Juli.

Im Polarkreiszentrum gibt es Ausstellungen über Kultur, und Tourismus in Nordnorwegen, ein Multivisionsprogramm und natürlich einen Souvenirladen.

*1: Der Polarkreis an der Zugstrecke von Trondheim nach Bodø*
*2: Das Polarkreiszentrum an der E 6 auf dem Saltfjell*



www.polarsirkelsenteret.no

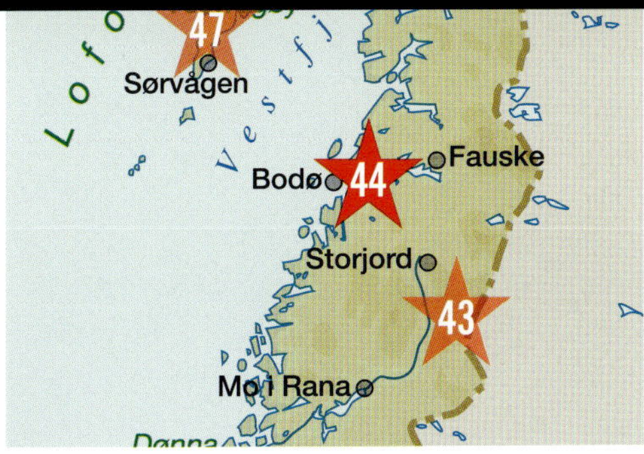


GPS: 67° 13' 50" N, 14° 36' 50" O

## 44 Saltstraumen

Der südöstlich von Bodø gelegene Saltstraumen gilt als der stärkste Gezeitenstrom der Welt. Durch den 2,5 Kilometer langen und nur etwa 150 Meter breiten Sund zwischen den Inseln Straumen und Straumøy, der den Yttre Saltfjord mit dem Skjerstadfjord verbindet, strömen im Wechsel der Gezeiten fast eine Million Kubikmeter Wasser in die Meerenge hinein und wieder heraus. Das Wasser erreicht dabei eine Geschwindigkeit von 20 Knoten und bildet beeindruckende Strudel, die einen Durchmesser von bis zu 10 Metern erreichen können. Nur beim Höchst- und Tiefststand wird das Wasser für kurze Zeit ruhig. Am Ufer stehen immer zahlreiche Angler, die wegen des Fischreichtums auf den Fang ihres Lebens hoffen. Nicht ganz unbegründet, denn immerhin wurde hier schon ein gut 22 Kilogramm schwerer Lachs aus dem Wasser gezogen.

*3: Mit unbändiger Kraft schieben sich die Wassermassen durch den Saltstraumen, den stärksten Gezeitenstrom der Welt.*

***Ein einzigartiges Erlebnis, das Tauchen im Saltstraumen:***
*www.saltstraumen-dykkecamp.no*

3

1

GPS: 66° 1' 48" N, 12° 42' 27" O

## 45 Kystriksveien

Für Reisende mit Muße bietet sich zwischen Steinkjer und Bodø als Alternative zur E 6 der Kystriksveien an. Die Route ist gut 650 Kilometer lang und verläuft fast durchgehend am Meer. Für die Strecke sollte man mindestens drei Tage einkalkulieren, denn die Straße ist oft eng und kurvig, zudem muss man unterwegs ein halbes Dutzend Fähren nehmen. Zur Belohnung zeigt sich die Küste immer wieder abwechslungsreich und oft von ihrer schönsten Seite. Bekannte Sehenswürdigkeiten wie der Torghatten, die „Sieben Schwestern", der Svartisen-Gletscher oder der Saltstraumen liegen direkt an der Straße, aber auch unzählige Aussichtspunkte und Abstecher laden immer wieder zu Unterbrechungen ein.

*1: Auf der Fahrt mit der Fähre von Kilboghamn nach Jektvik überquert man den Polarkreis.*
*2: Sandnessjøen, die beeindruckende Helgelandsbrücke führt über den Leirfjord.*
*3: Hier ist der Weg das Ziel: mit dem Auto, dem Motorrad oder dem Fahrrad sind Reiselustige auf der Küstenstraße unterwegs. Am Wegesrand finden sich Servicehäuser für die Reisenden, hier in Jektvik.*

*www.kystriksveien.no*

2

3

GPS: 67° 59' N, 13° 0' O

# 46 Lofoten

Die Inselgruppe der Lofoten liegt nördlich des Polarkreises zwischen dem 67. und 68. Breitengrad und ist vom Festland durch den Vestfjord getrennt. Die fünf größten Inseln sind Moskenesøy, Flakstadøy, Vestvågøy, Gimsøy und Austvågøy, die alle durch Brücken oder Tunnel miteinander verbunden sind. Isoliert in Richtung Süden liegen die Inseln Værøy und Røst. Nach Norden hin finden die Lofoten die Fortsetzung in den vier großen Vesterålen-Inseln Hadseløy, Langøy, Hinnøy und Andøy. Oftmals schroff ragen die mit einem grünen Teppich überzogenen Berge direkt am Meer bis zu 1000 Meter auf und sorgen für atemberaubende Anblicke. Zwischen den Bergen liegen grüne Wiesen, kleine Dörfer und feinsandige Traumstrände. Heute sind hauptsächlich die Ostseiten der Inseln bewohnt, denn dort wüten die Winterstürme nicht so heftig.

*1: Hamnøy, ein kleines Fischerdorf auf der Lofoteninsel Moskenesøy*
*2: Viele kleine Fähren verbinden die Orte der Lofoten, hier in Reine im Kirkefjord.*
*3: Die kleine Fischersiedlung Reine auf Moskenesøy*

www.lofoten-online.de

1

2

3

1

GPS: 67° 59' 3N, 13° 0' O

## 47 Das Wikingermuseum Lofotr

Das Wikingermuseum Lofotr bildet die größte Sehenswürdigkeit der Insel Vestvågøy. Im Ort Borg wurde in den 1980er-Jahren eine Siedlung ausgegraben, die vom 2. Jahrhundert n. Chr. bis zur großen Pest im 15. Jahrhundert bestand. Heute befindet sich auf dem Museumsgelände die originalgetreue Rekonstruktion des größten Wikinger-Langhauses, das je entdeckt wurde. Das 83 Meter lange Gebäude war höchstwahrscheinlich der Sitz eines mächtigen Wikingerhäuptlings. Sein Inneres gibt einen anschaulichen Einblick in das Leben vor rund 1000 Jahren.

Außerdem gibt es auf dem weitläufigen Gelände noch eine Schmiede, ein Bootshaus und ein Wikingerschiff, mit dem Besucher in See stechen können.

Anfang August findet vor der Kulisse des Häuptlingshauses ein mehrtägiges Wikingerfest statt. Es gibt Verkaufsstände mit Kunsthandwerk, Konzerte, Theater, Showkämpfe und Spiele.

*1: Morgenstimmung über dem Selfjord*
*2: Am Strand von Vikten*
*3: Die Häuptlingshalle des Wikingermuseums Lofotr*

*www.lofoten-online.de*
*www.lofotr.no*

2

3

*Um den winzigen, hufeisenförmigen Hafen von Nusfjord gruppieren sich rote Rorbuer – ein klassisches Lofotenmotiv. Mittlerweile ist der Tourismus wichtiger als der Dorschfang.*

1

2

GPS: 68° 5' N, 13° 14' O

## 48 Die Lofotenfischer

Der arktische Kabeljau wird von den Norwegern „Skrei" genannt, für uns ist es Dorsch. Nach Neujahr wandern Millionen Fische aus dem Eismeer zur norwegischen Küste. Vor den Lofoten und im Vestfjord finden sie ideale Laichbedingungen. Hier werden sie schon sehnsüchtig von den Lofotenfischern erwartet. Auch heute noch, selbst wenn durch die jahrelange Überfischung die Quoten drastisch zurückgefahren werden mussten.

Früher wurde der gesamte Fang sofort ausgenommen und die Fische paarweise an den Schwänzen zusammengebunden auf große Holzgestelle gehängt. Dort trocknete der Dorsch in einigen Monaten zu Stockfisch. Die Köpfe wurden ebenfalls zum Trocknen aufgehängt und anschließend zu Fischmehl verarbeitet. Aus der Leber wurde Tran gekocht, der Rogen gesalzen und in Holztonnen gefüllt. Heute werden zuerst die Kühlhäuser mit Kabeljaufilets gefüllt, bevor die Trockengestelle bestückt werden. Die beste Stockfischqualität wird auch heute noch als Fastenspeise nach Südeuropa exportiert.

*1: Im Hafen von Ramberg wird der gefangene Dorsch angelandet.*
*2: Direkt nach dem Fang wird der Fisch in Ramberg verarbeitet.*
*3: Fischfang bedeutet harte Arbeit bei jedem Wetter.*
*4: Auch wenn der Fang noch ordentlich ist, die großen Dorsch-Schwärme der Vergangenheit bleiben aus.*

*www.lofoten-online.de*

GPS: 68° 9' 2" N, 14° 12' 5" O

## 49 Lofoten im Winter

Einer der beliebtesten Ausflüge von Svolvær führt zum Trollfjord, einem engen Seitenarm des Raftsunds. Der Eingang in den etwa 2 Kilometer langen Fjord ist nur 100 Meter breit und auf beiden Seiten von fast senkrechten Felswänden eingerahmt. Nach dem engen Durchlass öffnet sich der Fjord und gibt den Blick auf ein beeindruckendes Amphitheater aus wilden, teils über 1000 Meter hohen Bergen preis. Besonders imposant ist der Anblick im Winter, wenn sich auf den gezackten Gipfeln der Schnee meterhoch türmt. Hier fand im Jahr 1890 die berühmte Schlacht der Lofotenfischer statt, die Johan Bojer in seinem Roman „Den Siste Viking" eindrucksvoll beschrieben hat.

Die südgehenden Schiffe der Hurtigruten machen im Sommer auf ihrem Weg von Kirkenes nach Bergen einen kurzen Abstecher in den Trollfjord. An der breitesten Stelle wenden sie und setzen ihre Fahrt durch den Raftsund fort.

*1: Die Einfahrt in den Trollfjord*
*2: Der Hafen von Henningsvær, dank des Golfstroms friert das Meer nie zu.*
*3: Kleine Kirche bei Sildpollen*

*www.lofoten-online.de*

3

GPS: 69° 6' N, 15° 43' O

# 50 Walsafari auf den Vesterålen

Die Vesterålen bilden die nördliche Verlängerung der Lofotenkette. Ähnlich wie auf den Lofoten erheben sich schroffe Gebirge direkt aus dem Meer, außerdem gibt es Fjorde, Schären, Seen und Moore. Eine der größten Touristenattraktionen Nordnorwegens sind die Walsafaris von Andenes, die ganzjährig von Meeresbiologen begleitet werden. Die Aussicht, mindestens einen der Meeressäuger zu sehen, liegt bei fast 100 Prozent.

*1+4: Von Andenes auf der nördlichsten Insel der Vesterålen starten die Walsafaris.*
*2: Ein Pottwal zeigt beim Abtauchen seine Fluke.*
*3: Im Walmuseum in Andenes auf Andøy erfährt man Wissenswertes über die Meeressäuger.*

*www.whalesafari.no*

1

2

3

4

1

2

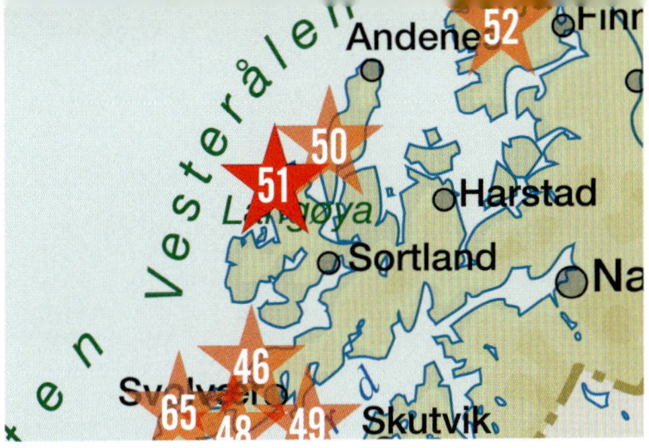


GPS: 69° 0' N, 15° 1' O

## Nyksund 51

Vor gut 100 Jahren war Nyksund noch ein lebendiges Fischerdorf auf den Vesterålen. Doch als das Hafenbecken für die größeren Schiffe zu klein wurde, zogen die meisten Fischerfamilien fort und Nyksund wurde in den 1970er-Jahren zum Geisterdorf. Im Rahmen eines sozialpädagogischen Projektes kamen dann Berliner Jugendliche mit Problemen hierher, aber auch dies brachte Nyksund keine neue Lebensgrundlage. Gegenwärtig gibt es einige Idealisten, die den Ort mit einem kleinen touristischen Angebot am Leben halten.

*1: Nyksund im Licht der Mitternachtssonne*
*2: Küstenstraße zwischen Nyksund und Myre*
*3: Küstenwanderung bei Nyksund*
*4: Das ehemals verlassene Fischerdorf wird mit Unterstützung der UNESCO wieder aufgebaut.*

www.nordnorge.com/de

3

4

1

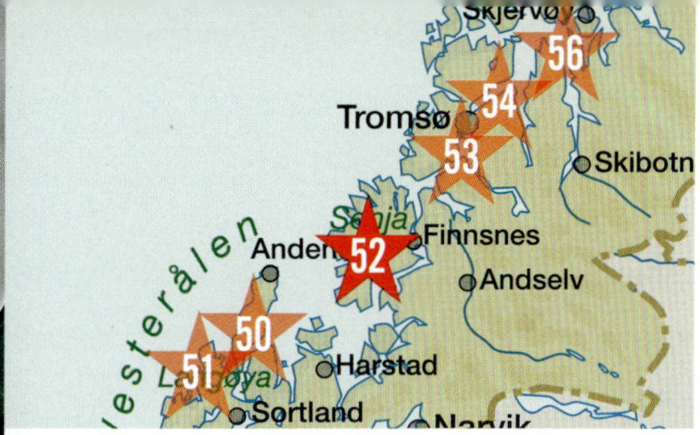


GPS: 69° 18' N, 17° 38' O

## 52 Senja

Senja, zweitgrößte Insel Norwegens, besitzt zwei grundverschiedene Seiten: Zum Meer ist sie rau und durch mehrere Fjorde stark zerklüftet, auf der Festlandseite hingegen wächst dichte Vegetation. An der Außenseite der Insel führt von Botnhamn im Osten bis Gryllefjord im Westen eine aussichtsreiche nationale Touristenstraße entlang. Fast 1000 Meter hoch ragen hier die Berge unvermittelt aus dem Meer auf, dazwischen schneiden Fjorde mit glasklarem Wasser tief ins Land ein. Kleine Orte mit bunten Häusern drängen sich auf dem schmalen Landstreifen zwischen Meer und Gebirge, Sandstrände laden zu Spaziergängen ein.

Im Nordwesten der Insel liegt der kleine Ånderdalen-Nationalpark. Er wird im Norden und Westen von hohen Küstenbergen gegen das raue Atlantikwetter geschützt, deshalb wachsen hier, zwischen Seen und Mooren, uralte Kiefern und Birken.

*1: Senja: schroffe Berge und tief eingeschnittene Fjorde*
*2: Moderne Aussichtsplattform auf den Bergsfjord bei Bergsbotn*
*3: Schärenbuckel mit Ferienhaus vor Senja*

*www.destinasjonsenja.no*

2

3

1

GPS: 69° 39' N, 18° 57' O

## 53 Tromsø

Paris des Nordens nennt sich Tromsø selbstbewusst, vor allem wegen der studentisch geprägten, lebendigen Kultur-, Kneipen- und Restaurantszene. Gerne kokettiert die Stadt auch mit ihrer Lage jenseits des Polarkreises: Nicht nur die nördlichste Universität gibt es hier, auch Botanischer Garten, Brauerei und Kathedrale schmücken sich mit diesem Superlativ.

1940 war Tromsø sogar für einige Wochen die Hauptstadt des noch nicht besetzten Landes; als einzige Stadt in Nordnorwegen überstand sie den Krieg relativ unbeschädigt. Deshalb gibt es noch einige alte Holzhäuser, obwohl Tromsø insgesamt einen sehr modernen Eindruck macht.

Das bekannteste Wahrzeichen ist die 1965 eingeweihte Eismeerkathedrale, ein architektonisches Meisterwerk, das mit ihrer dreieckigen Silhouette an die für den Norden typischen Trockenfischgestelle erinnert.

*1: Blick auf die Eismeerkathedrale und die Brücke über den Tromsøysund*
*2: Die Eismeerkathedrale, das Wahrzeichen der Stadt*
*3: Geschäftsstraße mit alten Holzhäusern*

*www.visittromso.no/en*

GPS: 69° 39' N, 18° 58' O

# 54 Hurtigruten

Seit über 120 Jahren pendeln die Schiffe der Hurtigruten entlang der norwegischen Küste, anfangs von Trondheim nach Hammerfest, heute von Bergen nach Kirkenes. Trotz der 2500 Seemeilen langen Reise durch ein Gewirr von Inseln und Schären, trotz Nebel, Sturm oder Polarnacht sind die Hurtigruten ein Inbegriff der Zuverlässigkeit. Jeden Tag macht sich ein Schiff der Flotte in Bergen auf die elftägige Reise in den hohen Norden, nach Kirkenes an der russischen Grenze, und dann wieder zurück nach Bergen.

Die ersten Schiffe besaßen noch einen herben Charme, heute gleicht die modernste Generation eher Kreuzfahrtschiffen. Mit dem Komfort an Bord hat sich auch die Funktion gewandelt: Aus dem Transportmittel für Passagiere und Waren ist eine internationale Touristenattraktion geworden.

*1: Hurtigrutenschiff im Raftsund*
*2: Die „Finnmarken" der Hurtigruten fährt aus dem engen Trollfjord zurück in den Raftsund.*
*3: Die AIDA und das Hurtigrutenschiff „Trollfjord" im Hafen von Tromsø*
*4: Im Hafen von Rørvik treffen sich das nordgehende und das südgehende Schiff.*

2

*www.hurtigruten.com/de*

1

AIDAcara
HURTIGRUTEN
TROLLFJORD
3

4
POLARLYS
HURTIGRUTEN
TROLLFJORD
TROMSØ

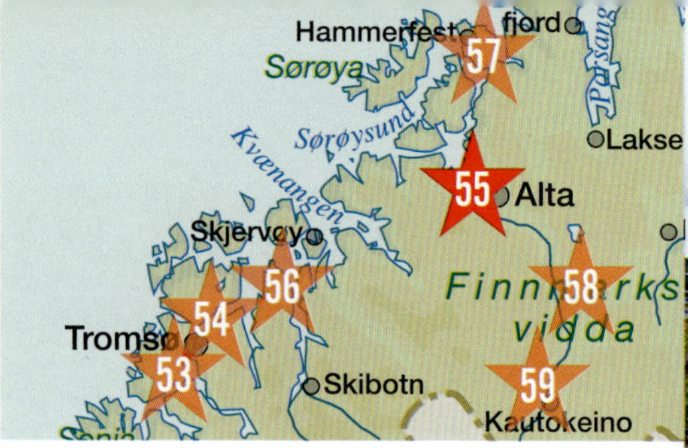


GPS: 69° 56' 49" N, 23° 11' 16" O

## 55 Hjemmeluft

Größte Sehenswürdigkeit von Alta ist das etwas außerhalb bei Hjemmeluft gelegene archäologische Freilichtmuseum mit jungsteinzeitlichen und bronzezeitlichen Steinritzungen. Im Frühjahr 1973 wurden die ersten, bis zu 6000 Jahre alten, Steinritzungen am Altafjord entdeckt. Seitdem hat man immer neue Felsbilder gefunden, bis heute sind etwa 3000 Motive in vier verschiedenen Gebieten um den Fjord bekannt. Das Gebiet von Hjemmeluft ist das Bedeutendste und wird deshalb seit 1985 von der UNESCO als Weltkulturerbe geführt. Die Bilder stellen Tiere, Jagdszenen, Menschen, Boote, Waffen und verschiedene Muster dar. Über ihre Bedeutung wird bis heute nur spekuliert, vielleicht sind sie Ausdruck eines Fruchtbarkeitsrituals oder sie sind während mythischer oder ritueller Handlungen entstanden. Damit die nur wenige Millimeter tief in den Fels geritzten Figuren besser zu erkennen sind, wurden sie mit roter Farbe ausgemalt.

*1–3 Felsritzungen in Hjemmeluft*

1

2

3

*www.alta.museum.no*

# 56 Lyngenfjord

GPS: 69° 52' N, 20° 26' O

Der Lyngenfjord in der Provinz Troms ist mit 120 Kilometern einer der längsten Fjorde des Landes. Zwischen Lyngenfjord und Ullsfjord liegt die Lyngen-Halbinsel mit dem Hauptort Lyngseidet. Die gesamte Halbinsel besteht aus einer fast unberührten Wildnis mit steil aufragenden Gipfeln, von denen der Jiekkevarre mit 1833 Metern der höchste ist. Dazwischen liegen Gletscher, ungebändigte Flüsse, Gebirgsseen und tiefe Schluchten. Für erfahrene Bergsteiger, Tourenskiläufer, Paraglider und Drachenflieger zählen die Lyngsalpen zu den schönsten Gebirgen Norwegens.

*4: Nachtstimmung am Lyngenfjord zwischen Falsnes und Skibotn*

www.visit-lyngenfjord.com/de

4

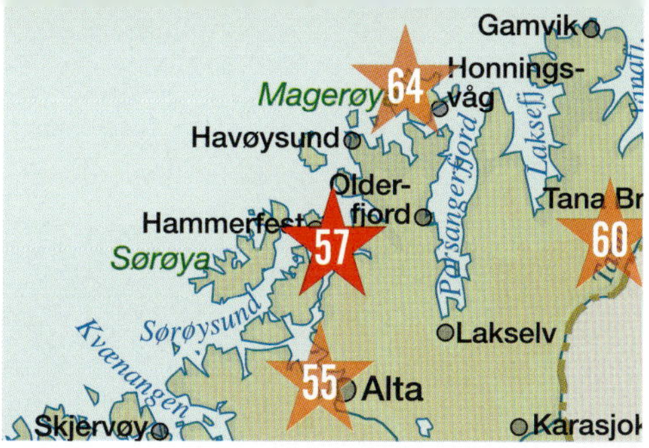


GPS: 70° 40' N, 23° 41' O

## Hammerfest 57

Hammerfest liegt auf der Insel Kvaløy und ist dank seines auch im Winter eisfreien Hafens ein wichtiger Fischer- und Handelsort in Nordnorwegen. Wegen des vor einigen Jahren entdeckten Erdgasfeldes vor der Küste erlebt die Stadt einen Wirtschaftsboom. Sehenswert ist die Meridiansäule von 1856, sie erinnert an die erste internationale Erdvermessung und steht seit 2005 auf der Liste des UNESCO-Weltkulturerbes. Der Isbjørnklubben bietet eine Ausstellung zu Fischfang und Arktisunternehmungen sowie einen ausgestopften Eisbären. Wer ihn angeschaut hat, kann in die Royal and Ancient Society of Polar Bears aufgenommen werden. Wer dann noch den Mitgliedsbeitrag des Eisbärenklubs bezahlt hat, kann sich über Urkunde, Ausweis und Anstecknadel freuen und hat obendrein noch ein gutes Gewissen, dass mit seinem Geld auch noch Eisbärenprojekte des WWF unterstützt werden.

*1+2: Hammerfest, Blick vom Stadtberg Salen*

*www.hammerfest-turist.no/de*
*www.isbjornklubben.no*

1

GPS: 69° 19' N, 23° 49' O

## 58 Finnmarksvidda

Die Finnmarksvidda ist mit rund 22 000 Quadratkilometern das größte Hochplateau Norwegens; weite Teile des Gebietes liegen zwischen 300 und 600 Metern über dem Meeresspiegel. Die bedeutendsten Orte, die überwiegend von Samen bewohnt werden, sind Kautokeino und Karasjok, das als inoffizielle Hauptstadt des Samenlandes gilt. Das Stadtbild von Karasjok ist modern, denn nur die Holzkirche von 1807 am Fluss Karasjokka hat den Zweiten Weltkrieg unbeschadet überstanden. In der Stadt hat das Samische Parlament seinen Sitz, das, ebenso wie das Storting in Oslo, alle vier Jahre gewählt wird. Außerdem gibt es ein Radioprogramm und eine Zeitung in Samisch sowie eine Bibliothek mit dem größten Bestand an Büchern in samischer Sprache. Einen Besuch lohnen das Museum für samische Kunst, das Samisk Kunstnersenter sowie das Kultur- und Erlebnismuseum Sápmi. Im Restaurant „Storgammen“, das einer samischen Torfhütte nachempfunden ist, werden traditionelle Gerichte serviert.

*1: Blick auf Karasjok in der Finnmarksvidda*
*2+3: Sami-Parlament in Karasjok*

*www.rdm.no/deutsch*
*www.visitsapmi.no/karasjok*

2

3

1

2

3

4

GPS: 69° 1' N, 23° 3' O

## Das Osterfest der Samen in Kautokeino 59

Kautokeino ist die nördlichste und größte Gemeinde Norwegens, 85 Prozent der Bevölkerung sprechen Samisch, ein Drittel arbeitet noch in der Rentierzucht. Hier ist die samische Tradition noch so lebendig, dass selbst im Alltag noch viele Menschen ihre bunte Tracht tragen. Ein ganz besonderes Erlebnis bietet das alljährliche Osterfestival, das die Ostermesse, ein Filmfestival, Joik-Konzerte, die Weltmeisterschaft im Rentierschlittenrennen und viele weitere traditionelle Veranstaltungen einschließt. Es herrscht aber auch Aufbruchstimmung, denn die Rentierzüchter bereiten ihre Herden für die Wanderung zu den Sommerweiden an der Küste vor.

5

6

*1: Ein Riesenspaß für Zuschauer und Teilnehmer: das Rentierschlittenrennen*
*2+4: Zum Ostertreffen kommt Jung und Alt in festlicher Samentracht.*
*3: Die traditionelle Ostermesse der Samen findet in der kleinen Holzkirche statt.*
*5: Bei der Ostermesse in der Dorfkirche ist jeder Platz belegt.*
*6: Nach der Messe werden die Kinder getauft.*
*7: Samische Familie nach dem Kirchgang*

7

*www.visitnorway.com/de*

GPS: 70° 13' N, 27° 57' O

# 60 Tanatal

Der Tanafluss bildet im hohen Norden auf einer Länge von 256 Kilometern die Staatsgrenze zwischen Norwegen und Finnland und mündet am Tanafjord ins Eismeer. Als Grenzfluss trägt er verschiedene Namen: Die Norweger nennen ihn Tanaelv, die Finnen Tenojoki, aber auch Tana oder Teno und für die Samen ist es der Deatnu, was großer Fluss bedeutet. Der Tanafluss gilt als einer der besten Lachsflüsse weltweit, und auch der größte je gefangene Atlantische Lachs – ein 36 Kilogramm schweres Exemplar – stammt von hier. Nur zwei Brücken überspannen den Fluss, die Tana Bru befindet sich bei dem gleichnamigen Ort. Die zweite Brücke, Samelandsbrua, verbindet das Gemeindezentrum des finnischen Utsjoki mit dem Ort Roavvegieddi auf norwegischer Seite. Auf der östlichen Seite der Tana Bru befindet sich ein Denkmal in Form einer 12 Meter großen Angelrute, das auf die Bedeutung des Lachsgewässers hinweist.

*1: Herbststimmung entlang des Tanaelv/Tenojoki bei Valjok*

*www.lapland-travel-info.com/Tana-bru.html*

1

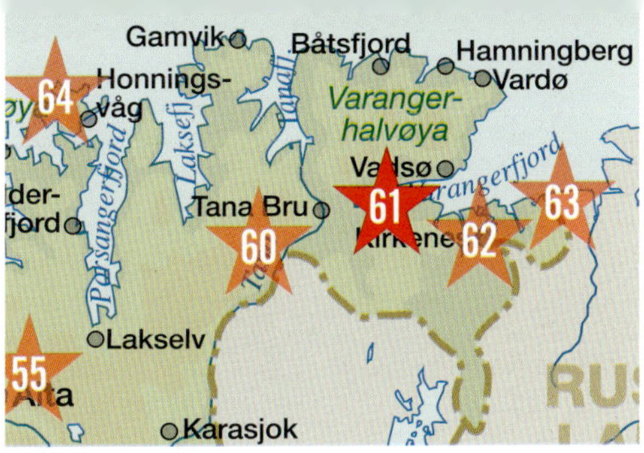


GPS: 70° 25' 0" N, 29° 25' 0" O

# 61 Varanger

Die Varanger-Halbinsel ist arktisch karg und baumlos, das Klima unwirtlich. Ihr Inneres ist unbesiedelt, nur entlang der Küste gibt es mit Berlevåg, Båtsfjord, Vardø, Vadsø und Varangerbotn kleine Orte, die vom Fischfang leben.

Vardø, die östlichste Stadt Norwegens und nördlichste Festungsstadt der Welt, liegt auf einer Insel, die durch einen Unterseetunnel mit dem Festland verbunden ist. Die achteckige Festung Vardøhus wurde in der ersten Hälfte des 18. Jahrhunderts erbaut. Neben der Festung Akershus in Oslo ist sie die einzige mit einem eigenen Kommandanten. Vom 18. Jahrhundert bis zur Russischen Revolution blühte zwischen der lokalen Bevölkerung und Russen aus der Weißmeerregion der sogenannte Pomorhandel. Das Pomormuseum in Vardø erzählt von dieser Zeit.

An das dunkle 17. Jahrhundert mit seinen Hexenverbrennungen erinnert das „Steilneset Memorial“ von der französisch-amerikanischen Bildhauerin Louise Bourgeois.

*2: Der kleine Ort Båtsfjord auf der Varanger-Halbinsel*

*www.varanger.com*

2

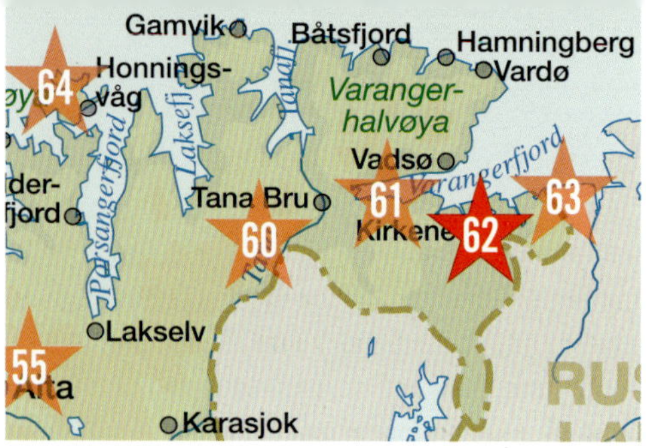


GPS: 69° 44' N, 30° 3' O

## 62 Kirkenes

Kirkenes liegt 2400 Kilometer von der Hauptstadt Oslo, aber nur wenige Kilometer von der russischen Grenze entfernt. Hier haben die Schiffe der Hurtigruten ihren Wendepunkt und hier endet die Europastraße 6. Der Hauptort der Gemeinde Sør-Varanger verdankt seine Gründung in erster Linie den Eisenerzvorkommen am Bjørnevatn. Vom Beginn des 20. Jahrhunderts bis 1996 wurde das Erz hier in großem Stil abgebaut und über den ganzjährig eisfreien Hafen verschifft – danach lohnte sich der Abbau nicht mehr. Mittlerweile wurde der Eisenerz-Tagebau am Bjørnevatn allerdings wieder aufgenommen.

Während des Kalten Krieges lag Kirkenes geopolitisch im Abseits, doch mittlerweile zählt die Stadt zu den prosperierendsten des Landes, dank Fischerei und Handel mit Russland. Im Hafen werden russische Trawler repariert, die Königskrabbenfischerei boomt und der kleine – visafreie – Grenzverkehr bringt beiden Ländern nur Vorteile.

Sehenswert sind das Grenzlandmuseum und die Andersgrotta mit Relikten aus dem Zweiten Weltkrieg. Interessant sind auch Ausflüge ins Pasviktal und die Ostfinnmark sowie der Besuch der russischen Grenze bei Boris Gleb.

*1: Norwegisch-russische Grenzmarkierung bei Boris Gleb*
*2: Blick auf Kirkenes*

*www.kirkenesinfo.no*
*www.barentssafari.no*

1

2

GPS: 69° 47' N, 30° 49' O

## Grense Jakobselv 63

Der Ort Grense Jakobselv liegt rund 60 Kilometer östlich von Kirkenes an der Mündung des Flusses Jakobselv in die Barentssee an der Grenze zu Russland. Die Grenze verläuft in der Mitte des Flusses und ist an beiden Ufern durch Grenzpfähle markiert. Der norwegische Grenzpfahl ist gelb mit einer schwarzen Spitze, der russische ist rot-grün gestreift. In dem abgelegenen und fast verlassenen Ort gibt es nur noch wenige markante Gebäude, so das ehemalige Pfarrhaus, die alte Zollstation und die König-Oskar-II.-Kapelle. Der nächste Grenzübergang befindet sich weiter südlich in Storskog an der Europastraße 105 von Kirkenes nach Murmansk.

*3: Die König-Oskar-II.-Kapelle*
*4: Das ehemalige Pfarrhaus*

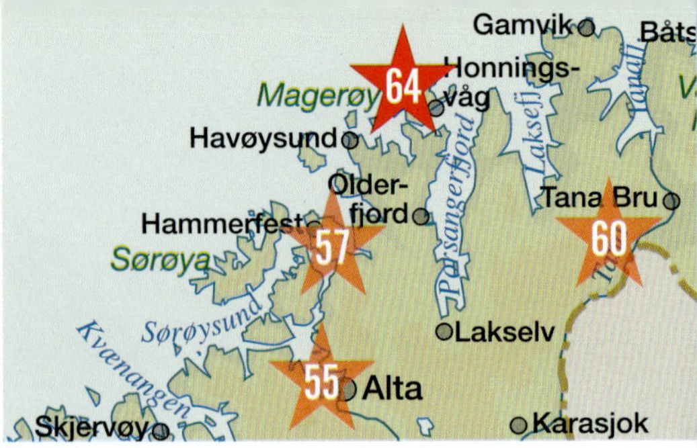


GPS: 71° 10' 16" N, 25° 47' 1" O

# 64 Nordkap

Magerøy bedeutet magere Insel und genau diesen Eindruck vermittelt Norwegens einzige wirklich arktische Landschaft: ein mit spärlichem Grün überzogenes, unwirtliches Felsplateau im Eismeer. Hier liegt also das sagenumwobene Nordkap, der nördlichste Punkt Europas, das Traumziel vieler Nordlandfahrer. Genau genommen hat dieser Felsen auf 71° 10' 21" nördlicher Breite diesen Superlativ gar nicht verdient, denn die benachbarte Landzunge Knivskjellodden schiebt sich noch etwas weiter ins Nordmeer hinein. Sie ist allerdings weniger spektakulär als der gut 300 Meter hohe, senkrecht ins Eismeer abfallende Nordkapfelsen – und auch nur zu Fuß zu erreichen. Deshalb steuern fast alle den riesigen Parkplatz am Nordkap an und besuchen die Nordkaphalle. Diese bietet eine bunte Mischung: Videoshow, Thaipavillon, Kapelle, Postamt, Touristeninformation, Cafés und Restaurants. Und jede Menge Souvenirs und natürlich eine grandiose Aussicht – wenn das Wetter mitspielt!

*1: Mitternachtssonne am Nordkap*
*2: Der 300 Meter hohe Nordkapfelsen*

1

*www.nordkapp.no/de*

1

GPS: 68° 5' 25" N, 13° 13' 49" O

## 65 Polarlicht

Der norwegische Polarforscher Fridtjof Nansen konnte sich nie der Faszination des Polarlichtes entziehen. Immer wieder versuchte er, es zu zeichnen und zu beschreiben. „Das Nordlicht funkelt heute in allen Farben des Regenbogens über den Himmel. Selten habe ich kräftigere Farben gesehen, zuerst war Gelb vorherrschend, dann ging es in Grün über, um schließlich gegen Ende in feurigem Rubinrot zu erstrahlen. Dicht über dem Horizont zeigte sich eine Feuerschlange, die stärker und stärker leuchtete, je weiter sie nach oben stieg. Dann teilte sie sich, ein Teil färbte sich rubinrot mit gelben Einsprenkelungen, eine andere zeigte sich in strahlendem Gelb. Den Schlangen entlang fuhren Strahlen und Wellen, schwingend, bald stärker, bald schwächer."

Nicht nur er war von dieser Naturerscheinung fasziniert, denn alle Menschen, die in den Polarregionen leben, verbinden das Polarlicht seit jeher mit Mythen, Aberglauben und Übersinnlichem.

*1+3: Nordlicht über Ramberg auf den Lofoten*
*2: Nordlicht vom Hurtigrutenschiff auf der Fahrt von Hammerfest nach Tromsø beobachtet*

2

3

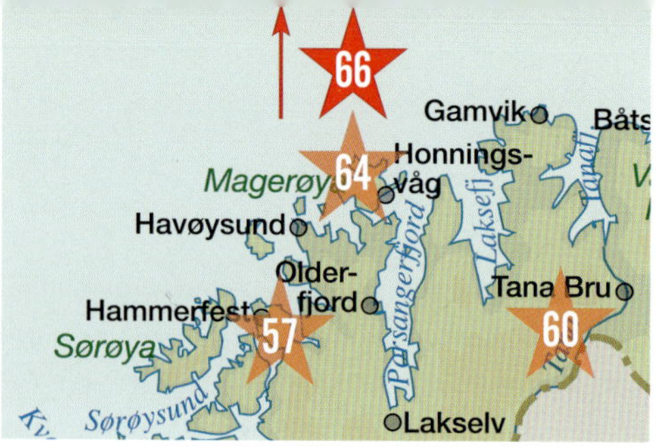


GPS: 78°11' N, 16° 34' O

# 66 Spitzbergen

Die holländischen Entdecker nannten die größte Insel des Archipels Spitzbergen – Land der spitzen Berge. Im Norwegischen heißt die Inselgruppe Svalbard (Kühle Küste), im Deutschen ist eher die Bezeichnung Spitzbergen üblich. Neben den wild gezackten Bergen und den tief eingeschnittenen Fjorden sind ausgedehnte Gletscher, die knapp zwei Drittel der Landfläche ausmachen, charakteristisch für Spitzbergen. Rund um den Hauptort Longyearbyen am Isfjord befinden sich die größten eisfreien Flächen. Wo sich keine Gletscher ausbreiten, gibt es Permafrostboden, der im Sommer höchstens bis in ein Meter Tiefe auftaut.

Vegetation hat es wegen Kälte, Wind, Gletschern, Geröll und Trockenheit schwer. Zwei Drittel des Landes sind kaum zu nutzen, halbwegs fruchtbare Böden machen nicht einmal 10 Prozent der Fläche aus. Nur durch die sommerliche Mitternachtssonne sprießt überhaupt etwas Grün. Noch schwerer haben es Säugetiere, von denen nur einige Eisbären, Rentiere und Polarfüchse heimisch sind.

Den Hauptort Longyearbyen hat 1906 John Munroe Longyear gegründet, heute leben die rund 2800 ganzjährigen Spitzbergen-Bewohner hauptsächlich von Bergbau, Forschung und Tourismus. Longyearbyen ist der einzige Ort mit einer touristischen Infrastruktur, es gibt Hotels und Restaurants sowie die Möglichkeit, vielfältige Ausflüge in die nähere und weitere Umgebung zu unternehmen. Straßenverbindungen mit anderen Siedlungen gibt es nicht, wer Lonyearbyen verlassen möchte, kann dies nur mit Schneemobil oder Boot.

*1: Auf der Fahrt zur verlassenen Kohlengrube Pyramiden passiert man den Gletscherabbruch des Nordenskjøldbre im Isfjord.*
*2+4: Longyearbyen, die Hauptstadt Spitzbergens*
*3: Abendstimmung am Billefjord mit der ehemaligen Kohlengrube Pyramiden*

*www.visitsvalbard.com*

3

4

# Register

Seite



Seite



Seite

Barentssee
Europäisches Nordmeer
Gamvik
Båtsfjord
Hamningberg
Vardø
Mageroya
Honnings-
våg
Varanger-
halvøya
Havøysund
Vadsø
Varangerfjord
Older-
fjord
Tana Bru
Kirkenes
Hammerfest
Sørøya
Sørøysund
Lakselv
Kvænangen
Alta
RUSS-
LAND
Skjervøy
Karasjok
Finnmarks-
vidda
Tromsø
Skibotn
Kautokeino
Andenes
Finnsnes
Andselv
Vesterålen
Langøya
Harstad
Sortland
Narvik
Kiruna
Lofoten
Vestfjord
Skutvik
Sørvågen
FINNLAND
Bodø
Fauske
Storjord
Mo i Rana
Luleå
Dønna
Sandnessjøen
Mosjøen
Trofors
Vega
NORWEGEN
SCHWEDEN
Meerbusen
Vikna
Rørvik
Namdalen
Nordli
Umeå
Namsos
Grong
Trøndelag
Steinkjer
Ørland
Hitra
Stjørdal
Smøla
Trondheim
Kristiansund
Støren
Molde
Oppdal
Røros
Åndalsnes
Ålesund
Tynset
Ørsta
Drevsjø
Dombås
Måløy
Nordfjord
Otta
Vinstra
Nyberg-
sund
Florø
Førde
Bottnischer
Gudbrandsdalen
Lågen
Glåma
Østerdalen
Gävle
Sogndal
Lillehammer
Høyanger
Lærdalsøyri
Sognefjord
Hamar
Gjøvik
Geilo
Gol
Uppsala
Voss
Kongsvinger
Västerås
Stockholm
Bergen
Lillestrøm
Numedal
Oslo
Odda
Drammen
Karlstad
Örebro
Leirvik
Etne
Kongsberg
Moss
Seljord
Haugesund
Telemark
Larvik
Fredrikstad
Norrköping
Karmøy
Skien
Valle
Stavanger
Sandnes
Setesdal
Arendal
Evje
Egersund
Grimstad
Flekkefjord
Kristiansand
Lyngdal
Jönköping
Mandal
Kap Lindesnes
Skagerrak
Göteborg

# Impressum

**BUCHGESTALTUNG**
SILBERWALD
Agentur für visuelle Kommunikation, Rimpar

**KARTE**
Fischer Kartografie, Aichach



Printed in Italy
Repro: Artilitho snc, Lavis-Trento, Italien
www.artilitho.com
Druck/Verarbeitung: Grafiche Stella srl, Verona, Italien
www.grafichestella.it





ISBN 978-3-8003-4912-8

**BILDNACHWEIS**
Alle Bilder von Max Galli mit Ausnahme von:
S. 31 unten (2 Abb.): Archiv des Verlages; S. 35 unten: nidelv / Wikimedia Commons, Lizenz cc-by-3.0; S. 48 oben: unbekannt / Wikimedia Commons, Lizenz CC-BY-2.0; S. 52 unten: julianausserhofer / Wikimedia Commons, Lizenz CC-BY-SA-2.0; S. 53 oben rechts: nina Aldin Thune / Wikimedia Commons, Lizenz CC-BY-SA-3.0; S. 89 unten rechts: Pethr / Wikimedia Commons, Lizenz CC-BY-SA-2.5-deed; S. 127 oben: Clemensfranz / Wikimedia Commons, Lizenz CC-BY-3.0.

*Das Fischerdorf Berlevåg liegt am nördlichsten Punkt der Varanger-Halbinsel, in der Fischfabrik wird der Fang weiterverarbeitet.*